LIBERDADE AMEAÇADA

LIBERDADE AMEAÇADA

PROPOSTAS CONTRA O (AVANÇO DO) AUTORITARISMO NO BRASIL.

ORGANIZAÇÃO:
RODRIGO LORENZONI

COPYRIGHT © FARO EDITORIAL, 2025
Todos os direitos reservados.

Avis Rara é um selo da Faro Editorial.

Nenhuma parte deste livro pode ser reproduzida sob quaisquer meios existentes sem autorização por escrito do editor.

Diretor editorial **PEDRO ALMEIDA**
Coordenação editorial **CARLA SACRATO**
Assistente editorial **LETÍCIA CANEVER**
Preparação **TUCA FARIA**
Revisão **BÁRBARA PARENTE**
Imagem de capa **FARO EDITORIAL**

Dados Internacionais de Catalogação na Publicação (CIP)
Jéssica de Oliveira Molinari CRB-8/9852

Liberdade ameaçada : propostas contra o (avanço do) autoritarismo no Brasil / Gustavo Lopes... [et al.]. — São Paulo : Faro Editorial, 2025.
192 p.

ISBN 978-65-5957-784-2

1. Ciência política 2. Autoritarismo I. Lopes, Gustavo

25-0303   CDD 320

Índice para catálogo sistemático:
1. Ciência política

1ª edição brasileira: 2025
Direitos de edição em língua portuguesa, para o Brasil, adquiridos por **FARO EDITORIAL**

Avenida Andrômeda, 885 — Sala 310
Alphaville — Barueri — SP — Brasil
CEP: 06473-000
www.faroeditorial.com.br

SUMÁRIO

PREFÁCIO 7

INTRODUÇÃO 15

A SAGRADA LIBERDADE DE EXPRESSÃO 19

A LIBERDADE PEDE CORAGEM 25

NÃO EXISTE MEIA LIBERDADE 35

LIBERDADE DE EXPRESSÃO E PENSAMENTO EM RISCO 49

A MORTE DA LIBERDADE DE EXPRESSÃO E COMO PODEMOS
RESSUSCITÁ-LA 77

PODEMOS PERDER NOSSOS FILHOS PARA UM NARCOESTADO 89

A INVASÃO DA MENTE 101

EDUCAR PARA A LIBERDADE 111

LIBERDADE PARA PENSAR 123

LIBERDADE NA GESTÃO PÚBLICA 145

A GUERRA CULTURAL NO FRONT DA CIÊNCIA ECONÔMICA 153

O VALOR DA LIBERDADE ECONÔMICA 179

PREFÁCIO

RICARDO GOMES

Aristóteles afirmou que o sentido da vida é a busca da felicidade. Não me atrevo a discordar. Essa ideia também está presente na Declaração de Independência dos Estados Unidos, redigida por Thomas Jefferson. Jefferson declarou que a vida, a liberdade e a busca da felicidade são direitos "inalienáveis". Essa expressão, eternizada em um dos documentos políticos mais importantes do mundo, sugere uma relação íntima entre o sentido da vida e a liberdade como um requisito necessário para alcançá-la.

Sem liberdade, a busca da felicidade torna-se impossível.

A liberdade, embora requisito para a verdadeira realização humana, é frequentemente ameaçada — muitas vezes pela própria organização política das sociedades, o Estado. Isso nos obriga a constantemente defendê-la e, em não raras ocasiões, trabalhar pelo seu restabelecimento.

Embora a palavra "liberdade" possua inúmeros significados em diferentes contextos, na política, existem elementos demasiadamente importantes que precisam ser mencionados. O mais relevante, acredito, é que a liberdade é um direito fundamental. Segundo a tradição dos direitos naturais, isso significa que ela é anterior, em termos cronológicos, e superior, em termos axiológicos, à existência do próprio Estado. Dessa premissa, derivam alguns corolários.

O Estado deve proteger a liberdade, como bem expôs John Locke ao afirmar "o fim da lei não é abolir ou restringir, mas preservar e ampliar a liberdade"*. A liberdade é, portanto, tanto objeto quanto finalidade da existência dos governos. Sendo assim, sua proteção exige a implementação de ferramentas, verdadeiros instrumentos institucionais que limitam a ação do Estado. Nessa categoria, incluem-se uma multiplicidade de direitos e elementos do que chamamos Estado de Direito.

A liberdade de expressão, a liberdade econômica, o devido processo legal, bem como a ampla defesa e o contraditório em processos judiciais e administrativos, o princípio de que não há crime sem lei anterior que o defina, a separação de poderes, a supremacia do poder legislativo e os freios e contrapesos constitucionais, a distinção entre Estado e Governo, o duplo grau de jurisdição, a separação entre Igreja e Estado, a liberdade religiosa, entre muitos outros, são elementos essenciais da organização política voltados para a proteção da liberdade em todas as suas dimensões.

Assim, como o governo deve proteger a liberdade, deve também se submeter à lei e aos comandos que o aparato legal de defesa da liberdade impõem ao próprio governo.

A história do liberalismo é, essencialmente, a história da defesa da liberdade. Nela, está fundamentada a ideia de que "Sempre que qualquer Forma de Governo se torne destruidora de tais

---

* LOCKE, John. Segundo Tratado sobre o Governo Civil.

propósitos, o povo tem o direito a alterá-la ou aboli-la e instituir um novo governo, estabelecendo seus fundamentos nesses princípios e organizando seus poderes de modo que lhe pareça mais adequado à promoção da sua segurança e felicidade". Em última análise, cabe ao povo a defesa da liberdade, mesmo que contra seu próprio governo.

Conta-se que, na história britânica de 1016, o Rei Canuto, para dar uma lição ao povo, posicionou seu trono à beira-mar. Ele se sentou e olhou para a maré: "Maré, pare de subir!", ordenou, mas a maré continuou avançando. Ele disse novamente: "Maré, ordeno que pare de subir. Eu sou o rei da Inglaterra, pare imediatamente". E quando a maré subiu a tal ponto de molhar as botas do rei, ele se levantou, tirou a coroa da cabeça e disse para seus súditos: "Que isso sirva para que todos compreendam: há leis neste mundo que nem o rei da Inglaterra pode alterar". Ele colocou, então, a coroa sobre a cruz que adornava o trono. Foi nesse momento que surgiu a doutrina de que existe "algo" superior ao poder do rei, que não é soberano sobre tudo e todos.

A Magna Carta, promulgada em 1215, foi um marco crucial na limitação do poder do rei da Inglaterra e no reconhecimento de direitos dos nobres, estabelecendo precedentes significativos para a liberdade e a justiça. Considerada um símbolo de liberdade, a Magna Carta serviu como um importante precursor para o desenvolvimento do direito constitucional e dos direitos humanos. Ao enfatizar a limitação do poder monárquico e a garantia de direitos preexistentes, ela influenciou profundamente muitos documentos posteriores.

Nos séculos XVII e XVIII, o pensamento iluminista destacou-se por sua ênfase na razão, no empirismo e na renovação dos direitos humanos. John Locke argumentou em sua obra que a liberdade é intrinsecamente vinculada aos direitos naturais inalienáveis, como a vida, e deve ser garantida pelo governo, fundamentada na igualdade e na razão, bem como associada à propriedade e à não interferência:

"Quando acaba a lei, a tirania começa. Se a lei é transgredida para causar dano, quando a autoridade excede o poder que a lei lhe dá, deixa de ser um magistrado e, agindo sem autoridade, pode ser resistido como qualquer outro bandido que, pela força, invada os direitos dos outros". John Locke.

A liberdade individual e os direitos civis foram novamente reafirmados durante a Revolução Americana, quando colonos das Américas recusaram-se a pagar impostos à Coroa Inglesa sem representação no parlamento. O povo pegou em armas e partiu para a guerra. "Mais importante que obedecer à Coroa é respeitar a lei; esta é superior àquele que ocupa o trono".

Essa é a essência da Revolução Americana, que culminou na independência dos Estados Unidos da América e na fundação de um novo país alicerçado em princípios democráticos e direitos individuais. Em 4 de julho de 1776, os representantes das colônias aprovaram a Declaração de Independência, elaborada principalmente por Thomas Jefferson, proclamando a separação das colônias da Grã-Bretanha e reafirmando os direitos à vida, à liberdade e à busca da felicidade. "O preço da liberdade é a eterna vigilância", afirmou Thomas Jefferson. E esse preço é aquele que devemos estar dispostos a pagar até hoje, todos os dias.

O mundo testemunhou a Revolução Francesa, no final do século XVIII, juntamente com a Declaração dos Direitos do Homem e do Cidadão (1789), que estabeleceram princípios essenciais para a nova ordem política. No século XIX, o liberalismo consolidou-se no campo político, impulsionando a criação de leis destinadas à defesa da liberdade individual, dos direitos civis e da economia de mercado.

A Constituição da Alemanha Basic Law (1949), a Declaração Universal dos Direitos Humanos (1948) da ONU e a Constituição da República Federativa do Brasil (1988), todas incorporaram artigos que asseguram os princípios da liberdade, dos direitos humanos e da dignidade humana.

Mas, afinal, por que mesmo difundida ao redor do mundo, registrada e formalmente garantida, a liberdade continua sendo a verdadeira busca da humanidade?

O economista e filósofo austríaco Friedrich Hayek definiu a liberdade como "a condição em que os indivíduos podem agir conforme sua própria vontade, desde que não interfiram na liberdade alheia". Hayek destacou a importância da liberdade econômica, da ordem espontânea do mercado e da limitação do poder estatal. Limitar o poder de tiranos pode ser tão desafiador que, em alguns casos, parece justificar a transgressão das leis e o desrespeito ao povo para prevalecer.

Nos dias de hoje, no século XXI, mesmo após vasta experiência de nossos ancestrais, um rico legado literário e filosófico, além de guerras e enfrentamentos, ainda nos encontramos na luta pelo mesmo objetivo: a liberdade, tanto a minha quanto a sua. Isso porque, se a liberdade é nosso maior valor, ela também se configura como a maior das moedas. Mas a quem, afinal, interessa uma sociedade livre?

Nos governos autoritários ou regimes opressores, é imperativo que o indivíduo precisa ser subjugado. A liberdade do indivíduo é reduzida a um simulacro da realidade. Esses regimes priorizam o controle social sobre a liberdade individual, resultando em frequentes violações de direitos. Os valores e tradições desenvolvidos ao longo do tempo, fundamentais para a coesão social e para o senso de identidade e continuidade, tornam-se alvos de ataques por parte daqueles que buscam, a todo custo, conquistar e perpetuar o poder.

No contexto histórico atual, conservadores e liberais de todo o mundo unem forças para enfrentar, ainda hoje, a tirania. Não nos iludamos ao pensar que a ditadura está distante, seja no tempo ou no espaço. Como seria ideal que, no Brasil, a lei voltasse a ser igual para todos. Afinal, liberdade existe quando o povo não teme o governo, mas sim quando o governo teme um povo livre. Por isso, reafirmo as palavras do gaúcho e libertário Honório Lemes: "Luto por leis que governem os homens, e não por homens que governem as leis".

Talvez você esteja se perguntando agora: como podemos encontrar e defender essa liberdade? "Por meio do conhecimento. O conhecimento nos fornece as ferramentas necessárias para buscarmos o sentido da vida em todas as suas esferas: política, religiosa, econômica, de expressão, entre tantas outras." A felicidade então torna-se a consequência.

Ronald Reagan afirmou que "a liberdade nunca está a mais do que uma geração de ser perdida", destacando a importância de preservá-la e de educar as novas gerações em sua defesa. Entretanto, tenho reinterpretado essa frase: a liberdade nunca está a mais do que uma geração de ser reconquistada. No século xx, o mundo livre derrotou o nazismo e o comunismo, inimigos fortemente armados e dotados de aparatos de opressão aparentemente invencíveis, mas que, ao final, sucumbiram. Essa mensagem de esperança traz consigo uma responsabilidade que recai sobre cada um de nós.

PREFÁCIO

Em 1940, durante a Segunda Guerra Mundial, no célebre Discurso da Batalha da Grã-Bretanha, com o objetivo de encorajar o povo britânico a resistir às forças alemãs, Winston Churchill proferiu ao povo britânico: "Jamais devemos nos render [...]. Eles podem fazer o seu pior; nós faremos o nosso melhor."

E eles fizeram: venceram aquela guerra. E assim também faremos. A batalha dos nossos tempos é limitar o poder do Estado, e implementar uma constituição eficaz que garanta os direitos individuais. Churchill declarou, em meio a um período de crescente autoritarismo e tensão global: "A liberdade, uma vez perdida, nunca será recuperada". Mas nós mostraremos que isso não será verdade.

É apenas isso, e, ao mesmo tempo, é tudo isso.

RICARDO GOMES é advogado e professor. Foi vereador e vice-prefeito de Porto Alegre (2021-2024), autor da Lei Municipal da Liberdade Econômica. Foi também Secretário do Desenvolvimento Econômico. É apresentador do programa Magna Carta, na plataforma Brasil Paralelo.

Foi presidente do IEE – Instituto de Estudos Empresariais (2011-2012), e presidente da Rede Liberal da América Latina (2018-2020). É cofundador da Churchill Society Brasil e do Instituto Lexum.

INTRODUÇÃO

RODRIGO LORENZONI

Nos últimos anos, o Brasil tem enfrentado um ataque sistemático contra a liberdade em suas diversas formas, incluindo a liberdade de expressão, de imprensa, de pensamento, religiosa, econômica e, até mesmo, a de defesa.

Durante o governo do presidente Jair Bolsonaro, os brasileiros experimentaram um período marcado pela liberdade democrática. Mesmo aqueles que possuíam opiniões divergentes não tiveram sua liberdade ameaçada. Todas as liberdades foram não apenas respeitadas e asseguradas, mas também reforçadas e ampliadas.

Nunca houve tamanha liberdade de expressão, mesmo quando utilizada para xingar e criticar abertamente o presidente. Nunca houve tamanha liberdade de imprensa, mesmo quando a grande mídia publicava mentiras diariamente. Nunca houve tamanha liberdade de pensamento, mesmo com a permanência da hegemonia progressista. Nunca houve tamanha liberdade religiosa, apesar do aumento das perseguições contra os cristãos. Nunca houve tamanha liberdade econômica, imune até mesmo aos "mas" e "despioras" que tentaram controlá-la. Por fim, nunca houve tamanha liberdade de defesa, seja no campo jurídico ou na legítima defesa.

Esse é o resultado natural quando a liberdade prevalece: desenvolvimento, progresso, harmonia e segurança. O país despertou de um longo sono e revelou-se capaz de realizar feitos antes considerados inimagináveis.

No entanto, o hiato foi breve, e as forças dominantes, incapazes de tolerar a liberdade do povo, rapidamente trataram de cercear direitos e reintroduzir as correntes que nos aprisionaram por tanto tempo. Dessa vez, de maneira ainda mais feroz, autoritária e vingativa. Vivemos em uma democracia "trans": uma ditadura, mas que se identifica como democracia. E se ofende sempre que alguém ousa apontar sua verdadeira natureza. Somos submetidos a um regime totalitário, digno de narrativas distópicas, em que o Estado cala as vozes dissidentes, persegue adversários políticos, restringe liberdades individuais, aprisiona opositores e mantém a população em um estado constante de medo e submissão.

Diante de tamanha opressão e censura, reagir não é apenas necessário, é indispensável. Essa reação é vital! Tal reação exige, necessariamente, o reconhecimento do cenário atual: uma ditadura mascarada de democracia. E reconhecer, de forma realista, que eles têm o poder de nos submeter.

Recentemente, o mundo tomou conhecimento de algo que já sabíamos: o Brasil vive sob um regime totalitário, ainda que travestido de democracia. Os chamados *Twitter Files* expuseram uma interferência direta no processo eleitoral, promovida por órgãos que deveriam, justamente, assegurar a transparência e a

INTRODUÇÃO

imparcialidade das eleições. As revelações decorrentes desses arquivos evidenciam como o sistema judiciário brasileiro, em especial as altas cortes, agiu de forma política e ativa para influenciar os resultados do pleito.

Durante as recentes enchentes no Rio Grande do Sul, além das vítimas diretas da tragédia que afetou tantas pessoas, a verdade também sofreu um ataque: sob o pretexto de "preservar as informações corretas", os relatos das pessoas que vivenciaram o drama foram atacados, sendo rotulados como "fake news" — uma abstração sem respaldo jurídico.Fica evidente que o objetivo era ocultar o fracasso da atuação governamental e impedir que a história legítima do "povo pelo povo" prevalecesse. O controle da narrativa era indispensável. No final, é sempre sobre isso que se trata.

Revelar toda essa rede é essencial, mas é necessário ir além. É necessário que homens e mulheres corajosos deem um passo à frente e assumam o papel de soldados em uma batalha de trincheiras, lutando para recuperar, palmo a palmo, a liberdade perdida.

Sem dúvida, essa não será uma batalha fácil. Será uma luta longa, e muitos cairão pelo caminho. No entanto, essa é a batalha de nosso tempo, e cabe a nós enfrentá-la. Pois ninguém travará essa luta por nós.

Este livro pretende, com humildade, ser mais uma arma nesta luta e contribuir para esta batalha. Revelando cenários, denunciando injustiças, indicando caminhos e propondo soluções nas mais variadas áreas da sociedade. No entanto, vai além disso. Este livro é, em si, um grito de liberdade que busca ecoar nos corações e mentes dos brasileiros, inspirando novos mais gritos de liberdade a emergirem das gargantas sufocadas pela tirania e opressão.

Seremos vitoriosos, pois representamos a maioria, este país pertence aos homens e mulheres de bem e vamos retomá-lo!

Vamos juntos!

A SAGRADA LIBERDADE DE EXPRESSÃO

SÉRGIO TAVARES

JORNALISTA PORTUGUÊS

SÉRGIO TAVARES é professor e repórter independente, que percorre o mundo promovendo os valores da liberdade, cultura e valores conservadores.

Foi jornalista correspondente da Rádio Renascença em Timor Leste e atualmente tem o projeto do canal Sérgio Tavares, com programas, reportagens, entrevistas, um podcast gravado em todos os países da CPLP, unindo os países que falam português.

Inicio destacando a honra de poder enaltecer aqui este direito fundamental: a liberdade de expressão. Nos dias atuais, é uma verdadeira dádiva encontrar um espaço para expressar minha opinião sem censura ou cancelamento, pois, para mim, a liberdade de expressão é, após a Família e Deus, um dos bens mais preciosos. Sem liberdade de expressão, simplesmente não há Democracia. E na Democracia a censura não tem respaldo moral.

O que é a liberdade de expressão? É o direito essencial de possuir opiniões, ideias e pensamentos sobre o que desejarmos, sem temer retaliação ou censura, seja por parte do governo ou de outros membros da sociedade.

A liberdade de expressão é um atributo inerente à natureza racional humana, englobando o direito de manifestar-se livre e democraticamente. Um exemplo recente dessa prática ocorreu em 25 de fevereiro de 2024, na Avenida Paulista, em São Paulo, durante um ato convocado pelo presidente Jair Bolsonaro. Nesse evento, milhares de pessoas reuniram-se para expressar suas opiniões e reivindicações, exercendo plenamente seu direito à liberdade de expressão. Um dia que jamais esquecerei, por razões incontáveis. Foi o dia em que, em lágrimas, diante de um milhão de pessoas, fiz uma promessa: a Europa saberia o que está acontecendo no Brasil. Um dia em que, poucas horas antes, fui interrogado por autoridades policiais e judiciais, acusado de crimes de opinião. Um dia em que o regime judicial brasileiro tentou me privar da liberdade de levar ao mundo, através do meu microfone, o grito de revolta de um povo oprimido. Sei que é difícil para quem lê, imaginar um repórter português a ser interrogado na polícia federal sobre questões de natureza política. Ainda assim, é o reflexo da realidade vivida neste país.

Em pleno século XXI, é inadmissível a existência de "Democracias" como a do Brasil, onde ainda prevalece o receio de expressar opiniões, e onde se persegue, prende e destrói a vida daqueles que têm ideias divergentes. Que estranho regime é este, que, trajado de bata preta, tomou de assalto a Democracia deste país.

Uma nação onde até mesmo repórteres estrangeiros são tratados como criminosos apenas por expressarem suas opiniões, enquanto recebe ditadores sanguinários da América Latina com tratamento "VIP".

No ano de 2025, não deveríamos precisar clamar por liberdade.

Em abril comemoramos o Dia da Liberdade em meu país, Portugal, e lá se vão 50 anos que Portugal deixou para trás um regime ditatorial. Jamais imaginei que cinco décadas depois, eu presenciaria um povo nas ruas clamando por liberdade, como tenho testemunhado "in loco" no Brasil. Nunca imaginei presenciar um povo desesperado mais de 70 dias, reunido em frente a quartéis militares, clamando por liberdade, verdade e justiça. Jamais poderia imaginar tamanha perseguição, arbitrariedade, falsidade, injustiça e hipocrisia dominando uma nação como o Brasil.

Em Portugal, já se passaram 50 anos desde que conquistamos Liberdade. Mas será que realmente conquistamos essa

Liberdade? Que tipo de Liberdade é essa, na qual, de um dia para o outro, me obrigam a permanecer fechado em casa? Em que sou discriminado por não me vacinar conforme o desejo do regime, por não usar máscara ou por contestar uma ideologia de gênero nefasta?? Que Liberdade é essa, em que sou censurado nas redes sociais simplesmente por apresentar outras perspectivas ou por expressar opiniões divergentes? Que Liberdade é essa, em que sou tratado como criminoso em outro país apenas por minhas opiniões e ignorado pelas autoridades do meu próprio país? Muitos me dizem que é uma "liberdade relativa". Se em Portugal já vivemos essa chamada "Liberdade relativa", no Brasil dizem-me que se vive uma "Democracia Trans", ou seja, "uma ditadura que se identifica como uma Democracia".

Neste mês de abril, em Portugal, é especialmente o momento em que refletimos e discutimos sobre a Liberdade. E o destino quis que, neste abril de 2024, eu, um português, um "gringo", fosse ao Senado Federal brasileiro para depor, clamar por liberdade e justiça, buscando assim "lavar a alma" de um povo desesperado, submerso nessa chamada Democracia Trans.

Torna-se extremamente difícil falar sobre Democracia e liberdade de expressão no Brasil, quando eu mesmo ouvi relatos de tantas pessoas inocentes que, apenas por suas opiniões, estão presas, exiladas ou forçadas a se esconder. Silenciadas, tomadas pelo medo, com suas vidas arruinadas. E outros, infelizmente, já partiram.

Em Portugal, antes do 25 de abril de 1974, a censura era conhecida como o "lápis azul". Hoje, no meu país, esse "lápis azul" assume novas formas, manifestando-se nas redes sociais e nos verificadores de fatos. No entanto, no Brasil, a censura vai além das simples redes sociais. No Brasil chegam a derrubar as próprias redes sociais por completo. Aqui a censura é mórbida e cruel, com requintes de malvadez, praticada à luz do dia: perdem a vida por expressarem suas opiniões. Outros são presos, humilhados e difamados. E não: eles não roubaram, não estupraram, não mataram ninguém. Apenas expressaram suas opiniões. Tudo isso acontece sob a cumplicidade de uma comunidade internacional conivente e de uma imprensa que, muitas vezes, endossa esses crimes e violações dos direitos básicos.

Quanto à imprensa, já não há uma comunicação social verdadeiramente livre em lugar algum, e muito menos no Brasil. O que existe é um braço armado de propaganda a serviço do poder.

Uma imprensa livre é o instrumento essencial para uma verdadeira Democracia, e sem Democracia não há liberdade de expressão. Por isso, não podemos desistir. Senti, no fundo do meu coração, o grito de revolta do povo brasileiro. Chorei e gritei junto com ele. Em Copacabana, ao lado de Jair Bolsonaro, emocionei-me quando ele segurou meu braço e me homenageou diante de milhares. Jamais esquecerei um enorme cartaz que avistei nesse dia no meio da multidão: "Obrigado Elon Musk e Sérgio Tavares". O gigante despertou, e me carrega em seus braços. Agora, só cessaremos quando recuperarmos esse bem precioso: a liberdade. Por nós, por nossos filhos e netos.

A LIBERDADE PEDE CORAGEM

GUILHERME BAUMHARDT

GUILHERME BAUMHARDT é jornalista, foi produtor, repórter, editor-executivo e gerente de jornalismo, além de ser âncora de rádio e comentarista de TV. Desde 2023, está na Rádio +Brasil, projeto de jornalismo independente.

Na história da humanidade, jamais houve união possível entre tirania e liberdade de expressão. Como água e óleo, não se misturam. Déspotas são, invariavelmente, inimigos declarados do livre pensar, pois ele gera questionamentos e provoca perguntas incômodas que apenas a liberdade plena pode fomentar. A liberdade permite críticas que ouvidos ditatoriais não suportam, e de argumentos cuja solidez se tornam um antídoto indispensável contra o poder ilimitado.

Friedrich Hayek, renomado pensador e expoente da escola austríaca de economia, é creditado com a seguinte frase: "A liberdade não se perde de uma única vez, mas em fatias, como se corta um salame". Embora alguns atribuam a Thomas Jefferson, o mais provável é que outra defesa memorável do livre-arbítrio seja do político irlandês John Philpot Curran: "O preço da liberdade é a eterna vigilância". Mais recentemente, Ronald Reagan, uma das grandes figuras que ocuparam a Casa Branca, imortalizou um alerta: "A liberdade nunca está a mais do que uma geração de distância da extinção". É triste reconhecer, mas Reagan estava certo.

Na nação mais livre do mundo, testemunhamos nos últimos anos a erosão da base consagrada pela Primeira Emenda da

Constituição — que proíbe ao Poder Público estabelecer qualquer forma de censura ou restrição à liberdade de expressão. Esse princípio, tão sólido e valioso, era capaz de gerar fenômenos que, à primeira vista, pareciam assustadores até mesmo aos olhos ocidentais. Enquanto muitos países ao redor do mundo (Brasil entre eles) proibiam a publicação e comercialização do livro *Mein Kampf*, de Adolf Hitler, nos Estados Unidos, as restrições eram temporárias e localizadas, sendo rapidamente derrubadas com base na Primeira Emenda. Ou seja, era possível editar, comercializar e ler a obra que serviu como semente, uma espécie de ovo da serpente para o nazismo e o Holocausto.

Os Estados Unidos poderiam ser considerados um país nazista? Certamente não. Americanos e alemães combateram em lados opostos durante a Segunda Guerra Mundial. O que justifica a ausência de restrições a algo que tanto mal causou à humanidade? A resposta está em uma lógica simples: a melhor forma de combater algo é expor tal ideia e lançar luzes sobre ela, jamais sombras, evitando a ilusão de que o esquecimento seja um antídoto eficaz. Isso se aplica ao *Mein Kampf*, assim como aos supremacistas brancos da Ku Klux Klan, cuja ignorância contrasta com os gorros exagerados que usam. Também se aplica aos integrantes de partidos comunistas e de extrema esquerda nos Estados Unidos (sim, eles existem).

"Como a nação referência em liberdade permitiu que a censura prosperasse?" Talvez um descuido, um sono suficientemente profundo o bastante para permitir que prosperassem — especialmente no ambiente acadêmico norte-americano — as lições de dois "gênios do mal": o italiano Antonio Gramsci e o norte-americano Saul Alinsky. Em vez de um golpe armado, como na Revolução Russa, de 1917, ambos defendiam a tomada do poder "por dentro". Em vez de câmaras de gás e fornos crematórios, como nos campos de concentração nazistas, adotaram a estratégia de "dividir para conquistar". Incontáveis classes e categorias sociais, raciais, econômicas, todas elas alimentadas por discursos e intensas doses de segregação, encontraram terreno fértil em uma nação que esqueceu as palavras de Reagan. Em resumo, a geração que deveria lutar pela preservação da liberdade permaneceu inerte.

Infelizmente, o Brasil enfrenta um fenômeno semelhante ao que ocorre nos Estados Unidos. Mais uma vez, o meio acadêmico, lamentavelmente, desempenha um papel central na tomada do poder "por dentro". Nas salas de aula, vozes conservadoras têm sido silenciadas de diversas formas. Processos seletivos em universidades públicas e, surpreendentemente, também em privadas parecem ser projetados para favorecer apenas aqueles alinhados ao ideário marxista. Tem dúvidas? Percorra os corredores de uma faculdade de humanas e tente identificar um grupo de docentes que ofereça um contraponto ao ideário esquerdista ou marxista.

O resultado é previsível: das salas de aula emergem exércitos de pensadores (o autor está sendo generoso), indivíduos com visões unilaterais. No campo da comunicação, as redações de grandes veículos de mídia oferecem um exemplo claro, respaldado por pesquisas. Uma pesquisa conduzida em 2021 pela Universidade Federal de Santa Catarina confirmou o que já era evidente para quem frequenta tais ambientes, lê jornais, ouve rádios ou assiste à televisão: a ampla maioria dos jornalistas profissionais (80%) se identificam como alinhada à esquerda. O resultado final é uma militância constante, pronta para defender a ampliação do Estado, retratar o empreendedor privado como vilão e identificar o capitalismo como inimigo número um do bem-estar social.

A presença de jornalistas alinhados à esquerda, por si só, não representa um problema. O problema real está nos efeitos dessa predominância. Como uma erva daninha que se espalha, ela deixa pouco espaço para outras formas de pensamento florescerem. Em outras palavras, aqueles que pensam de forma diferente acabam naturalmente marginalizados. Isso levanta a pergunta óbvia: seriam os proprietários dos grandes veículos de comunicação esquerdistas? Provavelmente não. Talvez sejam apenas negligentes e míopes, incapazes de reconhecer que o bem mais valioso em seus negócios não reside em suas suntuosas sedes ou instalações, mas na credibilidade e na reputação. A falta de empenho pode ser explicada por um fenômeno característico do Brasil e da América Latina. No Brasil, os governos em todas as esferas figuram como grandes anunciantes, seja por meio da administração direta (secretarias de Estado e ministérios), seja através de estatais como bancos, empresas de energia elétrica, saneamento, gás natural e outros. Essa dinâmica explica a displicência e a complacência que se instalaram nos departamentos comerciais e, consequentemente, influenciaram a linha editorial. Prospectar dez, vinte, trinta, cem clientes privados para vender um projeto de cobertura midiática é significativamente mais trabalhoso e menos lucrativo do que agendar uma reunião ao ministro responsável pela comunicação do governo, e sair de lá com três ou quatro contratos robustos assinados. E o dinheiro? Do pagador de impostos, é claro, mas frequentemente utilizado de maneira privada pelo governo em exercício, atendendo a interesses pouco republicanos.

Diante desse cenário, restou apenas a alternativa de recorrer à internet, um espaço ainda majoritariamente livre em boa parte do mundo, mas já sob pressão de governos. No Brasil, o controverso PL 2630, atualmente engavetado, foi batizado como "Lei das Fake News", embora pudesse ser mais apropriadamente denominado "Lei da Mordaça". A migração em massa para a rede mundial de computadores não é um fenômeno inédito, mas ganhou força significativa nos últimos anos devido a dois fatores principais: o amplo acesso à internet e a explosão das redes sociais. No final dos anos 1990, o Rio Grande do Sul testemunhou o petista Olívio Dutra vencer a eleição para o governo do Estado, em um período caracterizado pela perseguição a profissionais de imprensa críticos da esquerda. Esse período, amplamente considerado um dos mais nefastos da história gaúcha, foi detalhadamente retratado no livro *A Vanguarda do Atraso*, editado e organizado pelo jornalista Diego Casagrande, e que reúne depoimentos de jornalistas renomados como José Barrionuevo, Políbio Braga, Gilberto Simões Pires e outros que enfrentaram perseguições por desafiar o pensamento imposto pela "nomenklatura". A maioria desses jornalistas perseguidos buscou refúgio na internet, criando portais e blogs que, embora ainda incipientes, se tornaram espaços de resistência. Sobreviveram, apesar da ausência de ferramentas robustas como as disponíveis atualmente tal qual o X (antigo Twitter), YouTube, Instagram e outros.

 O fenômeno persecutório reaparece em outros momentos e, fiel à sua estratégia, a esquerda não "brinca em serviço". Assim que assume o Palácio do Planalto em 2023, o governo liderado por Luiz Inácio Lula da Silva inicia um movimento semelhante. O resultado no Rio Grande do Sul foi a saída de profissionais, incluindo este que vos escreve, além do jornalista Julio Ribeiro, que atuavam na Rádio Guaíba e no jornal Correio do Povo, ambos pertencentes ao Grupo Record. O destino foi o mesmo: a internet e a liberdade que ela, pelo menos por enquanto, ainda oferece. Para aqueles que acreditam que o cerceamento à liberdade se limita à comunicação e que a internet representa um porto seguro, vale relembrar um fenômeno recente. Durante a pandemia do coronavírus, médicos enfrentaram uma das mais severas censuras já registradas. Em um momento de profunda incerteza e desespero marcado pela tentativa de salvar vidas, questionar tratamentos, debater alternativas e discutir vacinas produzidas apressadamente tornou-se algo proibido. Ou melhor, foi rotulado como "coisa de negacionista". A ciência, cuja essência é o questionamento, foi paradoxalmente proibida de questionar. Governos liderados por tiranos ao redor do mundo, lamentavelmente, contaram com o apoio estratégico e valioso de empresas que só prosperaram graças à liberdade econômica, mas que negaram essa mesma liberdade aos usuários de suas plataformas. Empresas como Meta (Facebook e Instagram), Google e o próprio Twitter (antes de o empresário Elon Musk comprá-lo e rebatizar a rede como "X") se posicionaram na condição de árbitros da verdade e tolheram toda e qualquer voz que ousasse questionar estratégias amplamente adotadas globalmente, como os polêmicos lockdowns.

A liberdade de expressão é, sem dúvida, o bem mais precioso de uma nação. No entanto, os ataques contra ela vêm, cada vez mais, disfarçados sob o manto covarde da legalidade. A legalidade nem sempre está alinhada com a justiça ou o que é correto. Algumas das mais terríveis atrocidades perpetradas pelo nazismo foram consideradas legais em seu tempo. O mercado de escravos também foi legalizado em determinados períodos da história. Se, hoje, ninguém em sã consciência e com valores morais fundamentados na dignidade aceitaria tais absurdos, por que deveríamos aceitar a mordaça, mesmo que legalizada? Para os brasileiros, o exemplo não está distante. O Chavismo, que governa a Venezuela há mais de duas décadas, representa um exemplo concreto do alerta de Hayek. Na Venezuela, a liberdade foi gradualmente desmantelada, fatia por fatia. E, pior ainda, não há indícios de que a liberdade será restaurada no curto prazo. Talvez estejamos vivendo um daqueles momentos históricos em que uma antiga máxima se revela verdadeira: tempos fáceis produzem homens fracos, mas são nos tempos difíceis que emergem os homens fortes. E, para que isso aconteça, é preciso coragem.

NÃO EXISTE MEIA LIBERDADE

EDUARDA CAMPOPIANO

EDUARDA CAMPOPIANO é uma jovem comum que aos 18 anos decidiu começar a compartilhar suas opiniões e estudos na internet, defendendo os ideais da direita brasileira. Hoje, aos 21 anos, depois de ser processada algumas vezes, passar por alguns canais de TV, dar muitas palestras e participar de inúmeros debates, elegeu-se como a vereadora mais jovem e como a mulher mais bem votada da história de Praia Grande/SP. Defende a liberdade de expressão como um valor absoluto e um direito fundamental.

Em sua coleção de inquéritos ilegais, Alexandre de Moraes frequentemente repete uma frase em negrito, acompanhada de exclamações, aparentemente para reforçar sua indignação:

"Liberdade de expressão não é liberdade de propagação de discursos mentirosos, agressivos, de ódio e preconceituosos!"

Tenho uma triste notícia para o nosso estimado "imperador": sim, é isso mesmo! Não há espaço para meia liberdade ou meia censura. Ou você é livre, ou não é. Simples assim. E "ser livre" implica, inevitavelmente, poder odiar, poder mentir e até mesmo poder ofender.

O direito de odiar deve ser reconhecido, pois o ódio é um sentimento intrínseco à natureza humana. Criminalizar o ódio é tão absurdo quanto criminalizar o amor; ambas as ações só fazem sentido para aqueles que almejam controlar os aspectos mais íntimos da vida humana. Todo ser humano tem o direito de não gostar de algo, de odiar algo. Criminalizar um sentimento equivale a tentar controlar a psique humana, e impedir as pessoas de expressarem suas insatisfações é nada menos que uma forma de ditadura. Essa lógica, por si só, é suficiente para refutar a ideia de criminalizar o ódio. A situação torna-se ainda mais opressiva ao percebermos que o chamado "crime de ódio" ou "discurso de ódio" não exige sequer a presença de ódio real para ser configurado. Ao afirmar que só existem homens e mulheres, indivíduos que se consideram fora dessas categorias (seja lá o que elas achem que são) podem me acusar de cometer um crime de ódio, mesmo que em nenhum momento eu tenha expressado ódio, mas apenas constatado uma realidade biológica da espécie humana.

Ao afirmar que a obesidade é uma doença, posso ser prontamente acusada por militantes de estar promovendo um discurso de ódio, quando, na verdade, o objetivo é exatamente o oposto: alertar alguém sobre sua condição é um passo essencial para sua recuperação. É essencial destacar a dissimulação presente no debate sobre o discurso de ódio: as pessoas que mais disseminam ódio frequentemente são as mesmas que acusam os outros de cometerem "crimes de ódio". Um lamentável exemplo disso foram as enchentes recentes no estado do Rio Grande do Sul. O sul do Brasil, conhecido por ser a região mais conservadora do país, frequentemente vê sua população sendo rotulada como nazista. Com isso em mente, quando as enchentes atingiram centenas de pessoas, deixando outras dezenas de milhares desabrigadas, foi comum observar pessoas com viés de esquerda comemorando a tragédia, baseando-se na posição política dos moradores da região e no estereótipo associado a eles. Líderes religiosos alinhados à esquerda chegaram a afirmar que as enchentes seriam um "castigo divino" para punir os moradores por não compartilharem suas posições políticas de esquerda. Se declarações semelhantes fossem feitas por indivíduos sem viés de esquerda, seriam prontamente rotuladas como discurso de ódio e até criminalizadas.

O problema central não está no ódio em si, mas em quem se torna o alvo desse sentimento. Grupos protegidos, frequentemente identificados como minorias, são tratados como intocáveis, quase uma realeza, onde qualquer crítica direcionada a eles é automaticamente vista como crime. Enquanto isso, esses grupos, apresentados como sofridos e minoritários, podem direcionar seu ódio a quem quiserem, sendo frequentemente aplaudidos por isso, sob a justificativa de combater o suposto ódio atribuído à extrema direita, recorrem a ainda mais ódio. Ao desumanizar a oposição, qualquer ação ou discurso contra ela se torna justificável, transformando esses grupos naquilo que afirmam combater.

Dessa forma, conclui-se que, além de ser algo natural, sentir ódio também é um direito humano fundamental. É impossível e irresponsável criminalizar um suposto "discurso de ódio", especialmente porque não há consenso sobre o que caracteriza ódio de fato. Na maioria dos casos, o "discurso de ódio" pelo qual somos acusados é simplesmente a expressão da realidade como ela é, sem vergonha ou preocupação excessiva com eventuais ofensas, ao passo que discursos genuinamente odiosos são frequentemente tolerados e até incentivados quando originados de determinados grupos.

Não existe uma definição clara e objetiva sobre o que se enquadra como crime de ódio, sendo algo amplamente relativo e subjetivo. Ainda assim, reitero: odiar é um direito inato ao ser humano, independentemente de espectros políticos, desde que não incite diretamente a violência física.

Passando ao próximo ponto: "A liberdade de expressão inclui, sim, a liberdade de ofender." Antes de mais nada, é importante destacar que a ofensa é algo completamente subjetivo. Alguém pode afirmar que meu nariz é grande, que estou acima do peso, que minhas tatuagens são feias ou que meus dentes são exagerados, mas o impacto dessas afirmações, se irão ou não me ofender, depende única e exclusivamente de mim. Se eu me sentir ofendida, isso implica que a pessoa que fez algum comentário sobre mim cometeu um crime? Certamente não, mesmo que a intenção da pessoa fosse, de fato, me ofender.

No momento em que escrevo isso, Felipe Neto, o maior imitador de focas do Brasil, acabou de se envolver em uma polêmica: ofendeu Arthur Lira durante uma sessão da Câmara ao chamá-lo de "excrementíssimo", debochando do termo "excelentíssimo".

Arthur Lira ameaçou processá-lo por calúnia, ou seja, ofensa, enquanto Felipe, um contumaz defensor da censura, tentou sacar a carta da liberdade de expressão. De forma proposital e dissimulada, Felipe citou uma decisão de Alexandre de Moraes:

"A liberdade de expressão existe para a manifestação de opiniões contrárias, jocosas, satíricas e até mesmo errôneas, mas não para opiniões criminosas, discurso de ódio ou atentados contra o Estado Democrático de Direito e a democracia" — STF. AP 1044/DF, relator Min. Alexandre de Moraes, julgamento em 20.4.2022 (info 1051)."

Na visão de Felipe, chamar Lira de "excrementíssimo" caracteriza uma manifestação jocosa ou satírica, e, de fato, pode ser interpretado dessa forma. O grande questionamento aqui é: quem tem autoridade para definir isso? Quem determinará se chamar alguém de excremento é opinião satírica ou crime de ódio? A linha entre as duas interpretações é extremamente tênue, deixando a decisão sujeita à interpretação subjetiva do juiz. E todos nós sabemos que não existe juiz imparcial.

O ponto central é que Felipe Neto deve ter a liberdade, e até o direito, de chamar Arthur Lira de "excrementíssimo". Caso

NÃO EXISTE MEIA LIBERDADE

Lira se sinta ofendido com a declaração, ele igualmente tem o direito de processar Felipe Neto por calúnia. Esse deveria ser o padrão aplicável a todos. O que não deve ocorrer é a conta de Felipe Neto ser suspensa ou ele ser incluído pelo Supremo Tribunal em um inquérito considerado ilegal apenas por proferir um insulto, sem ter cometido qualquer crime, sem dispor de foro privilegiado e sem acesso aos autos do processo. Isso não acontecerá com ele. Obviamente, isso não acontecerá com ele; contudo, é exatamente o que frequentemente ocorre com aqueles que estão no lado direito do espectro político.

Suspeito que todos os autores deste livro tenham amigos envolvidos em inquéritos e que talvez até mesmo alguns dos próprios autores estejam sob investigação. Quanto aos supostos crimes, nem mesmo eles sabem quais seriam. Conclui-se que ofender alguém é, sim, um direito, especialmente no caso de figuras públicas, como políticos. Assim como a esquerda exerceu seu direito de chamar Bolsonaro de genocida durante a pandemia, também devemos ter o direito de chamar Lula de ladrão e Alexandre de Moraes de ditador. Caso algum deles se sinta prejudicado por tais ofensas, cabe a ele, individualmente, denunciar ou processar o responsável. Contudo, o Estado jamais deve ser instrumentalizado para perseguir alguém por essa razão. Quando isso ocorre, é um indicativo claro de que vivemos sob um regime autoritário.

Os comediantes frequentemente estão entre os mais afetados pela crescente tendência de criminalizar a ofensa. Dito isso, há uma frase de Rowan Atkinson, o grande Mr. Bean, que explica bem a situação:

"O problema óbvio em criminalizar o insulto é que muitas coisas podem ser interpretadas desta forma: crítica, ridicularização, sarcasmo ou simplesmente expressar um ponto de vista alternativo à ortodoxia."

Sentir-se ofendido tornou-se o maior capital político da modernidade, e essa estratégia não passou despercebida pelos governantes do país. Militantes de esquerda adotaram um novo mantra: "eu fui ofendido." Essa declaração os eleva a um pedestal. Eles são alçados à posição de vítimas, perseguidos por um mundo que, segundo sua narrativa, está repleto de carrascos intolerantes e "sei lá o que fóbicos" de toda espécie. Esses indivíduos, por sua vez, são alvos da opinião pública e do Estado, apenas por se atreverem a expressar opiniões que desagradem a algumas dessas minorias, que nem sempre merecem elogios.

Afirmar que foi ofendido por algo frequentemente concede ao militante, inclusive, a posição de autoridade. Os demais militantes o ouvirão, tratando-o como um grande filósofo e guerreiro pela justiça social, até que surja alguém ainda mais ofendido. Essa dinâmica resultou em uma espécie de "bingo da opressão", onde cada indivíduo busca ser mais ofendido e oprimido que o outro, visando atrair mais atenção e exercer maior poder. Esse poder é utilizado para cancelar qualquer pessoa que não o adule ou aprove incondicionalmente o seu estilo de vida. Entretanto, parafraseando o comediante Ricky Gervais, criador da aclamada série *The Office*, só porque você está ofendido, não significa que você está certo.

Querer numa estaca a cabeça de qualquer um que não te bajule é o mais infantil dos comportamentos. Quando adultos sedentos por poder adotam comportamentos infantis, o resultado inevitável é o autoritarismo. Sejamos honestos: quão arrogante e soberbo alguém precisa ser para acreditar que pode exigir passar pela vida sem nunca ser ofendido por ninguém?

Por fim, a liberdade de expressão inclui, inevitavelmente, a liberdade de mentir. Atualmente, expressões como "fake news" e "desinformação" tornaram-se onipresentes em qualquer debate. Esses termos, relativamente recentes, são frequentemente utilizados com um propósito específico: criar a percepção de que uma nova estratégia está sendo implementada pela chamada "extrema direita". De que surgiu um novo tipo de crime novo no Brasil, um crime moderno, inédito e característico das novas militâncias conservadoras, e cuja principal área de atuação criminosa são as redes sociais, quando, na verdade, estão se referindo à boa e velha mentira. Uma prática tão antiga quanto a própria humanidade. A mentira sempre existiu e sempre vai existir. Além disso, todo indivíduo possui o direito de mentir sobre o que bem entender, para o bem ou para o mal. Embora inventar histórias não seja um comportamento desejável, o ponto central é: a tentativa de evitar a circulação de algumas mentiras não justifica censura prévia.

Outro problema que surge com a recente onda de acusações de fake news é a confusão entre o que é mentira e o que é opinião. Quando alguém diz que não confia em uma urna, por exemplo, essa pessoa é prontamente taxada de disseminadora de desinformação quando, na verdade, o que essa pessoa fez foi simplesmente expressar uma opinião pessoal.

Para tornar o conceito ainda mais nebuloso, o STF e o TSE incluíram na definição do chamado "crime" de fake news o conceito de "desordem informacional", o que significa informações verdadeiras apresentadas de maneira desorganizada ou incompleta. Em outras palavras, para ser acusado de disseminar notícias falsas, não é necessário mentir; basta apresentar a verdade de forma confusa. O maior problema relacionado à tentativa de criminalizar a mentira é, sem dúvidas: quem terá autoridade para decidir o que é mentira e o que é verdade? Afinal, a esquerda já demonstrou que a realidade nua e crua, por si só, não é mais suficiente para definir o que é verdade ou não, visto que aqueles que constantemente nos acusam de mentir são os mesmos que afirmam que um feto humano não é um humano, ou que homens também engravidam, que o nazismo foi um regime de direita, que o Lula foi inocentado, que não existem países comunistas, que Bolsonaro não comprou vacinas, ou que Israel é um estado nazista, que o agronegócio é fascista, que o feminismo libertou as mulheres, que o SUS é gratuito, que armamento civil aumenta a violência, que Olavo de Carvalho era terraplanista, que o Hamas não é um grupo terrorista. Enfim, a lista de contradições e afirmações duvidosas permitidas pelos autoproclamados fiscais da verdade é extensa.

Tudo que lhes convém é aceito pela esquerda, independentemente de sua veracidade. A verdade torna-se relativa, e quando um erro é grave demais para ser ocultado, é minimizado como uma simples gafe ou equívoco, e a vida segue. Por outro lado, aquilo que não lhes convém, mesmo sendo verdadeiro, é rotulado como desinformação, e seu disseminador é tratado como uma ameaça à democracia, sendo transformado em um pária social. Órgãos governamentais criados para monitorar cada palavra dita nas redes sociais assumem o papel de fiscais da verdade e adotam uma postura orwelliana. Na obra-prima de Orwell, *1984*, o Ministério da Verdade é justamente o encarregado de decidir quais verdades serão ocultadas da população e quais mentiras serão espalhadas na sociedade. Os funcionários destroem material antigo e o substituem por material novo, com uma nova mensagem, e assim reescrevem o passado para adequá-lo às necessidades do seu líder, o Grande Irmão, representado muitas vezes por um grande olho que observa tudo e todos. Coincidentemente, esse grande olho também é símbolo do CIEDDE, o Centro Integrado de Enfrentamento à Desinformação e Defesa da Democracia, criado pelo TSE sob a presidência de Alexandre de Moraes. E quem questioná-lo só pode ser um insano terrorista antidemocrático de extrema direita neonazista.

Em síntese, é fundamental que as pessoas tenham o direito de mentir. Se toda mentira fosse previamente criminalizada, até figuras como Papai Noel e o coelho da Páscoa seriam proibidas de encantar as crianças. Vale ressaltar que mentir, desinformar ou divulgar as chamadas fake news não é considerado crime pela Constituição brasileira, nem deveria ser. Se uma mentira específica trouxer riscos ou prejudicar a reputação de alguém, a vítima pode, obviamente, recorrer individualmente à justiça por calúnia, difamação ou falsa imputação de crime — não simplesmente por ter sido alvo de uma mentira.

Isso significa que as pessoas devam mentir? Certamente não. No entanto, criminalizar a mentira e delegar ao Estado a função de fiscalizar a desinformação equivale a duvidar da inteligência das pessoas, e considerá-las totalmente incapazes de pensar, estudar e buscar informações por conta própria, delegando a terceiros a tarefa de decidir por elas.

No Brasil, uma fake news pode ser uma opinião pessoal, uma crítica, uma informação incompleta ou desorganizada ou uma verdade inconveniente para quem está no poder... lembram que, durante as eleições de 2022, candidatos opositores a Lula foram proibidos pelo TSE de chamá-lo de abortista e de dizer que ele defendia a ditadura da Nicarágua? Pois é, e hoje ele segue seu governo defendendo a descriminalização do aborto e estreitando laços com Daniel Ortega.

Dado o contexto atual, ainda faz sentido permitir que o Estado assuma o poder de criminalizar as chamadas fake news? Após esclarecer minha defesa dos direitos de odiar, ofender e mentir, volto agora minha atenção às verdadeiras intenções por trás das tentativas de criminalizar essas condutas, ou aquilo que se acredita estar incluído nelas.

A ideologia esquerdista carrega uma predisposição ao autoritarismo. Isso explica a tendência de exigir que o Estado, quando sob seu controle, domine todos os aspectos da vida individual, mesmo que muitos não reconheçam a raiz de seus pensamentos ou percebam o quão despóticos se tornam.

Consolidou-se a ideia de que o Estado seria formado por figuras incorruptíveis, imparciais e defensoras do bem-comum autorizadas a agir livremente contra quem considerarem necessário, sob o pretexto de defender uma suposta democracia, inclusive revogando garantias individuais daqueles que ousam se expressar além do permitido. Essa concepção foi amplamente acolhida, do mais jovem ao mais veterano militante esquerdista.

As mesmas pessoas que em 2018 se autodenominavam "resistência ao fascismo" agora defendem que o Estado adote práticas e estratégias de natureza fascista para silenciar seus opositores. Esses opositores foram deliberadamente desumanizados e transformados em vilões pela alta cúpula esquerdista, em uma aliança sórdida entre os psicopatas no poder e uma grande mídia conivente. Agora, com uma força-tarefa governamental e estatal concentrada em censurar, prender, anular, perseguir, cancelar e difamar qualquer indivíduo que se identifique como de direita, os que se proclamam contrários à opressão tornam-se os primeiros a defendê-la, justificando que essa força está sendo empregada contra os chamados "antidemocráticos conservadores".

Trata-se da camuflagem perfeita, uma aplicação prática do famoso ditado: "acuse-os do que você faz, chame-os do que você é." E não poderia ser diferente; ninguém com intenções tão sombrias como as deles assumiria publicamente esses objetivos. Nem mesmo ditadores já consolidados e imbatíveis revelam seus verdadeiros propósitos. Kim Jong-un e sua família mantêm a Coreia do Norte sob a maior ditadura totalitária do mundo há três gerações, ainda fingindo que estão lutando por um estado de bem-estar social, democracia e igualdade. Em todos os lugares, há canalhas ávidos por poder, dispostos a fazer qualquer coisa e passar por cima de quem for necessário para alcançar seus objetivos. Em todos os lugares, há aqueles que consideram vozes discordantes como o mal em pessoa, acreditando que devem ser silenciadas sem piedade. Em todo lugar, há pequenos ditadores, déspotas em potencial, incapazes de compreender que outras pessoas têm o direito de não os respeitar.

Alguns desses indivíduos, esses ditadores disfarçados, conseguem alcançar poder e visibilidade. Os que não conseguem, por sua vez, elegem aqueles que alcançam o poder. Dessa forma, todo ditador conta com uma multidão de apoiadores sedentos de poder e uma mídia tendenciosa e doutrinadora ao seu lado, que o auxiliam a se manter no poder, reprimindo, isolando e exterminando seus inimigos. Em nome da democracia, defendem a aniquilação de qualquer oposição. Para afirmar que não há censura, censuram aqueles que denunciam a censura. Em nome da igualdade, exigem o fim da liberdade.

Em nome do amor, eles odeiam.

LIBERDADE DE EXPRESSÃO E PENSAMENTO EM RISCO

KARINA MICHELIN

KARINA MICHELIN é jornalista ítalo-brasileira, analista geopolítica e correspondente internacional.

Após os recentes acontecimentos em nossa história contemporânea, surge uma dúvida legítima: ainda é possível ter opiniões, pensamentos e expressá-los publicamente sem ser perseguido? O Artigo 19 da Declaração Universal dos Direitos Humanos afirma: "Toda pessoa tem direito à liberdade de opinião e expressão, incluindo o direito de manter opiniões sem interferência". Este princípio também protege ideias divergentes, contrastantes, marginais ou radicais, desde que permaneçam dentro dos limites permitidos pela lei, que constitui o pilar das nossas democracias. Nunca se considerou em banir ideias, associações, partidos ou em punir e excluir aqueles que pensam de forma diferente. Não aqui, não no Ocidente.

Com o advento da pandemia de Covid-19 tudo mudou de forma drástica, os países ocidentais proporcionaram à sua população um sentimento de impotência, resultando em opressão, exclusão e censura. Esses foram os primeiros efeitos colaterais das restrições impostas à sociedade, onde não havia alternativas, a situação social piorou com as leis liberticidas e ineficazes, como revelado pelos dados contraditórios que estamos presenciando.

Metade da opinião pública sente-se censurada e excluída, pois, diariamente assiste ao fechamento de espaços de liberdade e de pensamento livre, observa os meios de comunicação social cada vez mais alinhados e complacentes — transformando-se em órgãos de reprodução do pensamento único e hegemônico de um regime; e percebe que até ferramentas privadas, consideradas neutras, como as redes sociais, adotam censura, banimentos, suspensões, perseguições e controle.

Esse é um fato alarmante nos tempos atuais, cada vez mais pessoas estão sendo perseguidas pelas suas ideias e perdem os seus empregos, reputações e são condenadas quando se desviam do pensamento de uma suposta maioria, sem sequer terem sido julgadas por um tribunal através de um devido processo legal. Suas posições, especialmente nas redes sociais, as expõem a uma tempestade midiática, a uma pressão intensa e à perda do seu papel na sociedade. Um "tribunal" paralelo impõe a sua própria lei, a lei da "pressão midiática" — um braço do regime. A liberdade de expressão não deve proteger apenas ideias amplamente aceitas que não incomodam ninguém, pois assim seria inútil: na verdade, a liberdade de expressão deve apelar à tolerância da livre expressão de ideias diferentes que geram controvérsia.

A liberdade de expressão no mundo antigo tem suas raízes que começa nas "pólis" da Grécia antiga, onde se reconhecia a possibilidade de expressar as próprias opiniões nas assembleias públicas.

Nas pólis gregas, a liberdade de pensamento e a liberdade de expressão eram representadas pelo termo "parrhesia". Na Grécia, o direito de expressar o que se pensava era exclusivo do homem livre, ou seja, do cidadão. Esse direito, portanto, não era concedido aos estrangeiros, e muito menos aos escravos. A parrhesia era o que distinguia a pólis dos outros regimes, era um direito, mas também um dever que refletia a verdadeira natureza da pólis.

Todos os cidadãos tinham a liberdade de expressar o que pensavam e eram obrigados a fazê-lo porque se houvesse parrhesia havia democracia. Onde havia democracia, havia liberdade para discutir e criticar o que não funcionava internamente no governo e na cidade. Era como uma garantia que protegia o sistema das degenerações tirânicas.

No entanto, deveria haver limites, pois o uso imprudente do direito de expressão poderia prejudicar o próprio sistema democrático que o possibilitou. Nesses casos, os acusados de ameaçar a democracia eram silenciados através do ostracismo ou condenados ao exílio.

Em 399 a.C, o filósofo grego Sócrates foi julgado e condenado à morte por defender e propagar a liberdade de expressão. Portanto, qualquer tentativa de definir o que cada um pode ou não dizer nos dias de hoje, no Brasil e no mundo, não é uma questão nova.

John Stuart Mill escreveu em 1859 no seu famoso livro *On Liberty:* "que a necessidade para o bem-estar intelectual da humanidade, do qual depende o seu bem-estar em geral, reside na liberdade de pensamento e de expressão". Em termos de censura ideológica, retrocedemos ou até mesmo regredimos em relação a épocas obscuras.

Em nome da caça aos antidemocráticos, estão amordaçando a liberdade de expressão e de crítica, impondo a censura.

Podemos afirmar que, neste momento épico da história do nosso país e do mundo, estamos enfrentando uma emergência democrática. Nossas liberdades fundamentais foram, sem dúvida, definitivamente ameaçadas. Os senhores do regime, para obter aquilo que querem, ignoram a Constituição e violam despudoradamente as leis das Liberdades Fundamentais, impondo restrições ao livre pensamento de milhares de pessoas, que não apenas se expõem aos ataques públicos, mas que são continuamente atacadas e expostas ao perigo através do cartel da mídia, chegando até mesmo a perderem a própria liberdade. Esse é mais um passo em direção à ditadura, que sanciona os pensadores livres, removendo-lhes o direito à palavra e ao pensamento, restringido ao cidadão o direito à própria existência.

Com o avanço das Big Techs, "supostamente" alcançaríamos o ápice da liberdade de expressão através das redes sociais, buscando expressar nossos pensamentos de maneira livre. Mas, na realidade, vagamos no território controlado pelo "Dominus", que nos concede a fala, mas, quando falamos o que o sistema não permite, basta um clique a mando dos seres supremos para nos cancelar e silenciar. A internet nos permite viver em um mundo bipolar, oferecendo uma suposta liberdade, mas chegamos à conclusão que quanto mais se é livre neste território, mais somos controlados.

Infelizmente àquelas pessoas que rotulam todos aqueles que pensam de forma diferente como complotistas, teóricos da conspiração, negacionistas, terraplanistas entre outros adjetivos, demonstram apenas que não estão prontas para compreender o verdadeiro problema. Essas pessoas aceitam e legitimam esse sistema de informação manipulado, que permite etiquetar quem pensa de maneira diferente, eliminando o debate, a discussão e a dialética essenciais. A culpa, é, sem sombra de dúvida, dessas pessoas que ainda aceitam e se submetem às manipulações do sistema.

Muitas pessoas desconhecem que todo o fluxo de informação é amplamente condicionado pelo mercado financeiro. O mercado financeiro detém o controle das grandes empresas, corporações e organizações globais; as maiores empresas do planeta alocam grande parte de seus orçamentos em agências publicitárias, que, por sua vez, financiam o cartel da mídia. O cartel da mídia depende de publicidade e, por conseguinte, é administrado e controlado por aqueles que o financiam — é nesse contexto que se instala o pensamento único, hegemônico e unilateral.

Os "democratas" com sua agenda globalista, demonstraram que defendem seus interesses através de pura propaganda, eles têm como hobby reivindicar direitos para si, enquanto cancelam os direitos dos outros — um verdadeiro paradoxo dentro de uma ideologia que, supostamente, luta por igualdade social e direitos iguais para todos. Os valores morais e éticos foram subvertidos, trouxeram à tona o autoritarismo, a imposição de suas ideologias, punindo a liberdade de expressão e pensamento crítico, estabelecendo uma nova ordem de perigo à sociedade.

Radicais e extremistas que atuam à margem da lei buscam a qualquer custo passar por cima dos princípios sacrossantos. Querem decidir como devemos pensar, agir, nos expressar e até quais os temas que devemos evitar, falar, pensar e agir. Qualquer indivíduo que não se adapte ao "politicamente correto" é criminalizado, punido e "guetizado", levado até mesmo a uma condenação no Supremo Tribunal. Portanto, é absurdo e inaceitável que hoje aqueles que se declaram antifascistas apoiem em silêncio e não se indignem diante da censura política instalada em nosso país. A diversidade é uma riqueza quando acompanhada de respeito mútuo, educação, princípios, valores, liberdade e, sobretudo, com a democracia. Se eliminarmos esses elementos a sociedade perece.

Podemos estabelecer uma correlação entre Brasil, China e Rússia em relação à liberdade de expressão e de imprensa. O julgamento implacável dos Repórteres Sem Fronteiras (RSF) sobre o estado da liberdade de imprensa na China é claro: "A República Popular da China é a maior prisão para jornalistas do mundo e o seu regime conduz uma campanha de repressão contra o jornalismo e o direito à informação a nível global". Um direito reconhecido pelo artigo 35º da Constituição chinesa, mas fortemente restrito há algumas linhas com referência à necessidade de limitar o seu exercício para proteger a "soberania nacional" e o "interesse público". Na China, é evidente que a liberdade de imprensa e expressão também assume "características chinesas".

De acordo com os dados reportados pelo relatório "Freedom on the Net 2020", a China, pelo sexto ano consecutivo, possui as piores violações da liberdade na internet a níveis "sem precedentes"de filtragem de conteúdos, graças ao uso generalizado de vigilância automatizada e sistemas de incentivo à circulação de conteúdos "unilaterais" que apoiam o regime comunista. No país, qualquer crítica à dissidência é severamente reprimida, cresce o número de pessoas ameaçadas, investigadas e presas, culpadas de terem manchado a memória de "heróis" e "mártires", depois de questionarem o relatório oficial do governo sobre as mortes de soldados chineses durante um confronto com tropas indianas.

Isso é revelado por uma base de dados disponível online, que lista os crimes pelos quais o governo puniu indivíduos responsabilizados por fatos criminalmente relevantes com base num perfil massivo de informação detalhada que, através do tratamento de dados familiares, sociais, étnicos, linguísticos, políticos, característicos e ordens religiosas dos indivíduos e do círculo de amigos e parentes que tiveram problemas com a lei. Esses dados são utilizados para decidir quem manter sob custódia na prisão ou sob vigilância domiciliar, através de um sofisticado sistema de cálculo capaz de combinar os nomes das pessoas a uma série de critérios incisivos de identificação comportamental.

Trata-se de uma iniciativa que restringe a liberdade de expressão de pessoas sujeitas a mecanismos de censura que visam evitar a difusão de opiniões percebidas como ataques ao regime, prevendo a possibilidade de medidas sancionatórias ao menor indício de crítica, especialmente se forem capazes de transmitir fluxos de comunicação caracterizados por grande entusiasmo da mídia.

Durante a pandemia, houve uma escalada autoritária significativa na China, aumentando ainda mais a rigidez destas políticas, com o objetivo de conter o risco de desinformação proveniente de notícias não confiáveis, suscetíveis de afetar a estabilidade social.

Outro efeito colateral comportamental, verifica-se também um aumento crescente de usuários que, movidos por motivações nacionalistas de apoio incondicional ao regime comunista (por medo de retaliação ou apoio político convicto), denunciam conteúdos que consideram ofensivos com reclamações enviadas diretamente às forças policiais alimentando um círculo vicioso de vigilância generalizada em nome da chamada "soberania digital" invocada diversas vezes pelo regime chinês para justificar a existência de limites estabelecidos à circulação de informações inseridas no espaço virtual de internet, com o objetivo de "normalizar" a concepção da opinião pública, de acordo com processos de formação dirigidos externamente com o objetivo de manipulação persuasiva.

A internet, no modelo chinês, está sujeita a estratégias massivas de vigilância total, motivadas pela alegada necessidade de garantir a proteção da segurança nacional, com uma severa repressão das vozes dissidentes existentes consideradas não condizentes com a "narrativa" oficial dos relatórios comunicados pelo regime, sem qualquer possibilidade de pluralismo informacional, essencial para promover o cumprimento de padrões democráticos efetivos, cada vez mais expostos ao risco de erosão no ambiente digital.

A limitação da liberdade de imprensa na Rússia por exemplo, não começou com a invasão da Ucrânia. Ao longo dos anos, jornalistas de todo o mundo tiveram grande dificuldade em traçar com precisão a situação russa sem consequências legais ou mesmo mortais. O Comitê para a Proteção dos Jornalistas (CPJ) classifica a Rússia como o terceiro país do mundo em número de jornalistas mortos desde 1991. A opinião pública mundial começou a discutir duramente o fenômeno em 2006, após o assassinato de Anna Politkovskaya — jornalista conhecida pelo seu trabalho e artigos contra o governo russo no jornal independente Novaya Gazeta (a equipe editorial do jornal contou seis dos seus jornalistas mortos).

Um breve retrato da liberdade de imprensa na Rússia antes da guerra com a Ucrânia, resulta de uma declaração da Anistia Internacional de 2019. Ao longo dos anos, os meios de comunicação social permaneceram sob controle estatal e foram utilizados indevidamente pelas autoridades russas. Ativistas e líderes de protestos antigovernamentais enfrentaram processos criminais e violência física, com o intuito de silenciar a dissidência. Desde a invasão da Ucrânia no início de 2022, a escassa liberdade de imprensa concedida aos cidadãos foi completamente suprimida pelo governo de Putin.

Menos de um mês após o início do conflito, o parlamento russo, a Duma, aprovou uma lei sobre a responsabilidade administrativa e criminal dos indivíduos considerados culpados de espalhar notícias falsas sobre o comportamento do exército russo — uma fórmula que, como destacaram vários jornais mundiais, inclui qualquer tipo de opinião que não seja semelhante às ideias do governo. O risco é de reclusão por até quinze anos. Com base nestes artigos, não apenas ativistas e jornalistas foram atacados, mas também cidadãos comuns, dado que mais de metade dos acusados eram cidadãos livres.

Surgem vários testemunhos relacionados com a censura na Rússia, como a história de Alla Gutnikova, uma das editoras da revista independente e estudantil Doxa. Em 2021, ela foi acusada, juntamente com outras três pessoas, de encorajar menores a se envolverem em atividades ilegais e foi colocada em prisão domiciliar por causa de um vídeo em que discutia como estudantes russos eram pressionados a estudar na universidade para não participarem de manifestações contra o governo.

Após a sua detenção, Gutnikova relatou que ela e os outros foram submetidos a uma longa sequência de interrogatórios:

> Queriam saber muito sobre nós. Obviamente, não respondemos a nenhuma das suas perguntas, pois ainda existe o artigo 51 da Constituição, segundo o qual você tem o direito de não testemunhar contra si mesmo.
>
> Fomos obrigados a ler 212 processos criminais dos quais apenas 1 ou 2 estavam diretamente ligados a nós. Os documentos apresentados pelas autoridades continham informações sobre detidos em toda a Rússia, mas não tinham uma única prova de ligação com o nosso caso. Agora, todos nós, editores, deixamos o

país para viver na Europa, onde estamos protegidos por vistos humanitários. Na Rússia, continuamos na lista federal de procurados. Se voltarmos, corremos um risco muito elevado de ser presos assim que cruzarmos a fronteira.

Existe uma discussão no mundo intelectual russo sobre censura: há uma clara tendência de comparar a situação com a da era stalinista. O que torna a Rússia de hoje ainda mais terrível do que a URSS de Stalin é o significado indecifrável da censura e das prisões. Inventaram-se perseguições aleatórias, o que significa que não há lógica por trás dos julgamentos políticos e da escolha das pessoas que são presas e julgadas. Hoje, a perseguição evoluindo-se expande em todos os estratos sociais. Na ausência de uma lógica para as prisões, o medo aumenta, e, para não arriscar, a única solução parece ser evitar qualquer ato que possa despertar a ira do regime.

Sob o argumento de combater o ódio e notícias falsas, a União Europeia, a OMS, a UNESCO, a ONU e o Fórum Econômico Mundial de Davos estão a emitir documentos e medidas que restringem a democracia digital, com o claro objetivo de perseguir dissidentes — nos mesmos moldes russo e chinês.

Como sempre, as motivações parecem ser nobres e, tal como em "A Carta Roubada", de Edgar Allan Poe, tudo acontece diante dos nossos olhos, mas ninguém nos deixa ver e calam aqueles que tentam nos fazer compreender e informar. A diretiva da União Europeia chamada de Lei dos Serviços Digitais (Digital Service Act), que regula as plataformas digitais, foi aprovada em

19 de outubro de 2022, e entrou em pleno vigor em 17 de fevereiro de 2024.

No site da Comissão Europeia está expresso que "A Lei dos Serviços Digitais e a Lei dos Mercados Digitais visam criar um espaço digital mais seguro, no qual os direitos fundamentais dos usuários sejam protegidos criando condições de concorrência equitativas para as empresas". Em resumo, controle de conteúdos ilegais, publicidade transparente e combate à desinformação. Tudo esplêndido, expresso com uma linguagem tranquilizadora e paternal, emanada por "benfeitores, tecnocráticos e paternalistas". O problema é que, sob o pretexto de proteger os usuários contra a publicidade online invasiva, a legislação tornou as obrigações das plataformas de remover conteúdos definidos como "desinformação" ainda mais vinculativas, sem quaisquer "se" ou "mas".

Quem será responsável por classificar o que é desinformação ou discurso de ódio? Já não vivemos a terrível experiência de que a censura afeta essencialmente aqueles que são dissidentes e não se alinham com os pensamentos e posições hegemônicas impostas pelo sistema, propagadas pelo cartel da mídia dominante? Na prática, a liberdade de opinião desaparece, os pensamentos devem estar alinhados, caso contrário, desaparecerão das redes sociais e da internet.

Até mesmo duas das agências mais importantes da ONU, a UNESCO e a OMS, agiram para combater a liberdade de informação. A UNESCO lançou as suas próprias "diretrizes para a governança das plataformas digitais", que, coincidentemente, são muito semelhantes às da União Europeia. Este documento também está cheio de boas intenções: "O discurso de ódio e as notícias falsas podem tornar-se armas de intimidação, colocando em risco as democracias, os direitos humanos e o direito à informação correta. O documento de diretrizes para plataformas digitais democráticas, respeitadoras dos direitos humanos, pretende, portanto, ser um suporte regulatório para aqueles — governos, sistemas reguladores e empresas — que se encontram a lidar com esta questão complexa e delicada: abordar adequadamente conteúdos que podem potencialmente prejudicar os direitos humanos e a democracia".

A diretora-geral da organização, Audrey Azoulay, do partido socialista na França, afirmou: "A proteção da liberdade de expressão é fundamental. Isto inclui combater a má/desinformação e o discurso de ódio online. Não podemos permitir que a internet esteja repleta de conteúdos tóxicos. Precisamos de uma internet confiável."

É evidente que os insultos, a intolerância e a discriminação devem ser processados tanto na internet como noutros locais (o Código Penal existe exatamente para isso). A questão é que estabelecer que uma opinião expressa livremente, talvez com uma certa energia, constitui discurso de ódio ou notícias falsas vai na contramão dos direitos humanos e constitui um risco para a democracia, é muito subjetivo e responde aos interesses daqueles que, naquele momento, detêm o Poder.

Como você deve ter notado, Azoulay, seguindo as regras do regime totalitário descritas no romance distópico 1984, de George Orwell, inverte a lógica. Primeiro, afirma que "Proteger a liberdade de expressão é fundamental"; imediatamente a seguir "isto inclui a luta contra a desinformação e o discurso de ódio online". Ou seja, "você é livre, mas como, onde e quando decidiremos se você se submeter às nossas diretrizes". A semelhança com o livro 1984 no qual o lema do partido era "Guerra é Paz; Liberdade é Escravidão; Ignorância é Força" nos remete à época das vacinas experimentais de mRNA obrigatórias durante o período da Covid-19, a frase mais ecoada pelos defensores da "democracia" era: "A vacina (obrigatória) é a liberdade".

Além disso, Audrey Azoulay, usa um neologismo: "desinformação". Mas será possível que os poderosos da Terra tenham sempre de inventar neologismos, da "agenda" à "resiliência", do "eco-amigo" ao "sustentável", do "feminicídio" ao "negacionismo", para não falar de todas as pseudofobias, como islamofobia, homofobia, xenofobia e por aí vai. Orwell sempre nos ensina que quem controla a linguagem, controla o pensamento e, portanto, os cidadãos.

Se comparada à desinformação, que historicamente tem sido utilizada pelos serviços de espionagem e contraespionagem, que consiste na atividade de quem conscientemente fornece informações falsas para atingir um propósito, a desinformação de hoje consiste no descuido ou na superficialidade de quem divulga informações falsas ou oferece más informações sem perceber, de boa-fé, ao não verificar a fonte inicial, por exemplo, compartilhando notícias ou imagens falsas online, contribuindo para a disseminação de "farsas". Pobres donas de casas do WhastApp que estão sendo classificadas como terroristas perigosas. O problema, porém, é sempre o mesmo: Quem decide o que é verdadeiro e o que é falso, o que é enganoso e o que não é?

Se uma pista continuar sendo uma pista, múltiplas pistas constituem uma evidência. Nos parece, portanto, significativo que no recente Fórum Econômico Mundial, criado pelo inefável economista Klaus Schwab, tenha se realizado o primeiro ponto do programa da organização que reúne os homens mais poderosos do planeta, para eles a prioridade das prioridades a ser considerada como ordem do dia, é a luta contra a desinformação!

Mais preocupante ainda é que em Davos foi anunciada uma nova pandemia, definida como "X", segundo eles, vinte vezes mais poderosa e letal que a Covid-19, como tudo é programado com uma certa antecedência pelos senhores do mundo, uma nova vacina para uma doença X já está pronta para ser aplicada em massa.

A ONU e as suas "agências", a Organização Mundial da Saúde (OMS), novamente, "coincidentemente", está se mobilizando para a pandemia que se aproxima e para o controle da má informação que pode prejudicar a sua "preciosa" ação de combate a doenças. No final de maio de 2024, foi discutido o Tratado de Pandemia que felizmente, por enquanto, não foi aprovado, o fato de a OMS querer colocar uma lápide nas soberanias nacionais, na livre escolha de cuidados e tratamentos de saúde sobre o próprio corpo e sobre liberdade de informação científica causou um mal-estar em alguns países-membros, que decidiram por não assinar o tratado. No entanto, já existe um Regulamento Sanitário Internacional (RSI), que está em vigor desde 2017, que — "coincidentemente" — também está sujeito a alterações mais "rigorosas". Deve-se também sublinhar que há anos a OMS deixou de ser uma organização filantrópica pública internacional, hoje ela depende em 80% de financiadores privados, entre os quais são preponderantes as empresas farmacêuticas e Bill Gates, com os seus enormes interesses econômicos.

A humanidade contemporânea está vivenciando outra grande revolução, a quarta da sua história: após Copérnico descobrir que não estávamos no centro do universo; após Charles Darwin descobrir que éramos nada mais do que uma entre muitas espécies animais; após Sigmund Freud e a psicanálise revelarem que não somos nem mesmo donos de nossa própria psique, com a revolução digital, percebemos que deixamos de ser seres humanos para dar espaço à inteligência artificial.

No cenário global contemporâneo, os governos e os atores políticos, independentemente do regime que os caracteriza, recorrem cada vez mais à inteligência artificial como uma ferramenta poderosa para manipular a opinião pública, resultando na morte da democracia.

É importante começar com definições, ainda que breves, dos dois elementos. No que diz respeito à IA, sem entrar em detalhes técnicos, baseia-se essencialmente na utilização de "estatísticas aplicadas". Uma grande quantidade de dados, agregados de diferentes fontes de informação, é processada por algoritmos sofisticados que identificam quantidades, frequências, regularidades, correlações. Antes, durante e após essa etapa, há uma atividade humana contínua que visa fazer com que os resultados finais correspondam aos desejos iniciais.

Em relação à democracia, entendemos como forma de governo onde a soberania é exercida, direta ou indiretamente, pelo povo.

Os dois conceitos que descrevo, IA e democracia, colidem nos seus respectivos pressupostos básicos. A IA é produto de uma cultura técnica específica que assume implicitamente a existência de uma verdade objetiva, residente em dados que representam informação. Que essas informações possam ser processadas por métodos quantitativos e estatísticos, eliminando erros de julgamento e decisão humana, a fim de destilar a própria verdade. Essas mesmas suposições, muitas vezes inconscientes, permitiram o uso do termo "inteligência" nesta área de maneira casual, sugestiva e quase supersticiosa.

A democracia se baseia estruturalmente na construção social de caminhos "viáveis", expressos por uma maioria e orientados para o bem-estar e a prosperidade da comunidade. Em uma democracia, as verdades provisórias devem continuar sendo submetidas ao escrutínio público, por meio de instrumentos como a livre informação em busca do conhecimento. Essa abertura às verdades possíveis é a condição *sine qua non* para a existência do pluralismo, fundamento da ideia democrática. Enquanto a democracia se mantém no plano do pluralismo complexo, do diálogo e do debate, mesmo que longos e turbulentos, produzindo resultados sempre provisórios, a IA é utilizada para reduzir, simplificar, acelerar, otimizar e tornar mais eficiente o processo de tomada de decisão, orientado por um algoritmo não influenciado por humanos, visto como imperfeito por natureza.

A construção do pensamento, para cada um de nós, depende em grande parte do meio social em que estamos imersos e do nicho evolutivo e informacional em que nos inserimos. Cada ação que tomamos deriva de nossos valores, ideias, convicções e crenças. Cada uma de nossas características está imbuída nestas premissas, os produtos das tecnologias de IA não podem ser uma exceção a isto.

A IA é concebida num contexto econômico e de mercado específico, no qual são serviços no sentido comercial do termo. São serviços comerciais que são prestados a clientes como Estados, organizações, empresas e que operam dentro do quadro do modelo de marketing global que tende abertamente a manipular o indivíduo.

Com base nas necessidades gerais ou específicas destes clientes, os serviços são ajustados pelos seus desenvolvedores. Como dita a lógica do mercado, há um processo contínuo de melhoria, tentando fazer com que o serviço corresponda às expectativas do público e, ao mesmo tempo, tentando modificar o significado e as expectativas dos utilizadores para fazê-los cumprir o serviço oferecido. Existe uma lacuna entre a abordagem de mercado, com a qual estas tecnologias são desenvolvidas e orientadas, e uma visão democrática.

O resultado final, que combina o risco intrínseco — estrutural à IA — com o risco extrínseco — proveniente do uso da técnica na lógica de mercado — pode levar ao crescimento desmedido daquele fenômeno que Alexis de Tocqueville já chamou de "ditadura da maioria" — desta vez, "guiado" por interesses privados e ideologias específicas. Além disso, o potencial da IA, sem uma governança adequada, pode levar a uma exacerbação daquele achatamento contra o qual Martin Heidegger já havia alertado, usando a expressão "existência inautêntica".

A existência inautêntica, segundo Heidegger, é a existência cotidiana, na qual o homem se identifica com o mundo em que vive, deixando-se guiar acriticamente pelas convenções sociais. A existência autêntica é, em vez disso, a experiência humana de liberdade.

Quando o poder político já não cumpre seu papel, e se ajoelha perante poderes que o fascinam, convencido de que detém a única verdade da nossa época nas mãos, resta-nos então uma escolha: a reapropriação da política pelos cidadãos, por meio do direito inalienável de exercer individual e coletivamente a liberdade de decisão e julgamento — o futuro da nossa civilização depende da extensão do nosso envolvimento.

No Brasil, foi instaurada uma nova forma de poder autoritário e totalitário, comandada por juízes da Suprema Corte, sob o pretexto da democracia. O Código de Ética Judiciário confere ao poder judicial os princípios da legalidade, impessoalidade, moralidade, publicidade, eficiência, interesse público, cortesia, razoabilidade, finalidade e motivação. O problema da política brasileira não se resume na batalha política ideológica que se transformou em uma briga de torcedores de partidos políticos, o problema reside nos defensores do ativismo judicial, que romperam definitivamente com o Código de Ética da Magistratura.

A sociedade se reduziu a aplaudir os acontecimentos nos tribunais, como se estes substituíssem os que ocorrem no Parlamento, nas urnas ou nas praças. Evidentemente a sociedade civil brasileira não aprendeu com a Operação Mãos Limpas (Mani Pulite — Itália década de 1990), ao contrário dos juízes da Suprema Corte brasileira, que não só aprenderam como aprimoraram. A operação Mãos Limpas demonstrou que questões políticas e culturais, como a corrupção generalizada, não podem ser resolvidas por meio de uma juristocracia.

Nos últimos anos, os progressistas formaram uma espécie de aliança sagrada com o poder judicial, confiando-lhe o avanço dos direitos das mulheres, dos homossexuais, da agenda climática, e, assim, uma mitologia do direito constitucional espalhou-se: cabe exclusivamente ao Supremo Tribunal Federal — esse é o raciocínio, defender os princípios e valores do país — visto que os juízes são fiadores da Constituição. O problema é que os juízes são tendenciosos, e seus partidarismos aumentam quando lhes é dado o poder de decidir sobre as questões mais importantes. Na maioria dos casos, o direito constitucional e as leis de direitos humanos exigem um envolvimento significativo do poder judicial e um impulso para o controle por parte do sistema judicial, os juízes constitucionais gozam de um enorme poder de decisão em questões políticas; basta olhar para o inquérito das fake news.

Ninguém aqui afirma que os juízes não devem cumprir seu papel, mesmo quando isso significa se envolver na política, por razões constitucionais, é claro. O que é preocupante é uma tendência crescente na política de delegar suas batalhas ideológicas aos tribunais, como uma admissão implícita de fraqueza, em que políticos tentam obter dos juízes os avanços que a política não consegue alcançar. Sem um Poder Judiciário independente e apartidário, a democracia se transforma em uma ditadura. É impossível subestimar a importância de uma mudança de paradigma; é alarmante o descrédito e o autodescrédito que o Poder Judiciário tem acumulado nos últimos anos, sendo ainda mais grave do que a falta de confiança nos políticos, pois os políticos se referem aos governos e parlamentos, enquanto os guardiões da Constituição estão sob a responsabilidade que afeta diretamente o Estado. Os políticos mudam, são eleitos e podem ser rejeitados, mas o Estado e as instituições não; eles são a espinha dorsal da sociedade civil, são a estrutura que sustenta o peso do corpo social. Podemos traçar um paralelo com o que acontece hoje no Brasil com a Operação Mani Pulite na Itália, lançada em 1992. A Operação Mãos Limpas inicialmente contou com grande apoio popular, parecia que os magistrados estavam a limpar a política, a sociedade, a combater a corrupção e o crime organizado, e que era aquele órgão de arbitragem severo e rigoroso, colocando-se em risco, para fazer cumprir a lei. O problema é que as sombras da conivência entre o judiciário e a política, com os poderes fortes, foram dissipadas, e os casos de magistrados que estabeleceram um modus vivendi sombrio com o crime organizado foram isolados (no Brasil, muitos ainda permanecem no poder). A Segunda República Italiana não teria surgido sem esse impulso.

Com o tempo, no entanto, o poder excessivo do poder judicial, a visibilidade dos magistrados, em alguns casos por meio de seus exibicionismos, e do uso discricionário e casual de seu poder, sobre a remuneração dos juízes e suas consultorias, a impunidade dos magistrados que cometeram erros graves e não de boa-fé, a fúria dos magistrados de um lado da política, o surgimento da tendência de uma ala mais fanática de comunistas, minaram a credibilidade de seu trabalho dividindo o país entre garantistas e justicialistas.

O caso Berlusconi foi a culminância daquela fratura, entre os que quase pediram impunidade na política em nome do consenso popular e os que pediram a destruição de governos e forças políticas por meio de sentenças judiciárias. Foi amplamente reportado pelos jornais progressistas, socialistas e comunistas italianos que Berlusconi estava criando leis para beneficiar a si próprio, mas, na realidade, Berlusconi conseguiu fazer muito pouco ou nada em termos de justiça, pagando um alto preço por isso. Enquanto isso, durante anos, uma grave crise econômica devastadora se espalhava pelo mundo, afetando em breve também a Itália, o tema dominante no país era saber se Berlusconi fazia sexo, se pagava as suas acompanhantes ou se ele sabia que algumas delas não eram menores de idade. Um país inteiro ficou paralisado em torno da vida sexual de Berlusconi. A política, o governo, a mídia e o Judiciário giravam em torno do "bunga-bunga". E tudo isto aconteceu enquanto a maioria dos crimes dos comunistas, socialistas e progressistas permanecia impune, os tempos da justiça foram longos e por isso injustos. As ineficiências do sistema judicial foram tão evidentes como as transições de muitos magistrados para a política, para continuar a guerra com outros meios.

A degeneração do Judiciário italiano não terminou com o último governo de Berlusconi, há treze anos. Sua marcha descendente continuou, agravando-se especialmente nos últimos tempos, com os governos de esquerda. Podemos resumir os males do Judiciário italiano, muitos dos quais foram exportados pelos ministros da Suprema Corte brasileira:

1) Criminosos presos pela polícia e libertados por magistrados convenientes; 2) a preferência pela proteção dos criminosos em vez das vítimas, especialmente em casos de legítima defesa; 3) indulgência com a imigração ilegal, as expulsões e as ilegalidades praticadas; 4) a reconversão penal do politicamente correto, utilizado com fúria partidária e ideológica, a ponto de visarem crimes de opinião, nos quais a justiça italiana se alinhou à justiça europeia; 5) a interpretação frequentemente ideológica das leis do parlamento a ponto de distorcer seu significado, forçar seu alcance, desviando seu efeito; 6) ativismo judicial durante a campanha eleitoral, visando gerar consenso; 7) a disparidade de penas no julgamento de crimes semelhantes cometidos por políticos, em que, em alguns casos, a contabilidade ou financiamento falso é punido com prisão, em outros não; em alguns, a prevaricação é agravada pela acusação de associação mafiosa, em outros casos semelhantes não é; em alguns casos, "ele não pode não saber", em outros, sim.

Passamos da autonomia do Poder Judiciário, prevista na Constituição e necessária em um Estado de Direito, à prevaricação do Judiciário sobre o poder legislativo, interpretando e forçando as leis, ou melhor, criando jurisprudência na área, e o Poder Executivo condicionando e inibindo a ação governamental em diversos casos cruciais. Esse abuso afetou outros setores vitais e instituições cruciais do país, como o trabalho muitas vezes frustrado da polícia. Claro, nunca misture tudo, existem magistrados excelentes e pessoas que cumprem o seu dever, contudo, o grave descrédito do poder judicial atinge o coração do Estado, o sentido do Estado e a confiança dos cidadãos nas instituições — ainda mais que os políticos — e não há outro órgão além do próprio Judiciário que possa punir os culpados. Uma verdadeira tragédia.

Como podemos observar, o mundo está seguindo uma nova ordem. As nossas liberdades individuais estão cada dia mais ameaçadas por esses que se autoproclamaram "Defensores da Lei", em que as únicas leis que eles cumprem são as leis que os protegem, transformando-os em seres intocáveis. A nossa constituição foi substituída pelos sentimentos de poder dos magistrados. Está cada vez mais claro o plano que vem sendo articulado, o "global totalitarismo", nos moldes russo-chinês está sendo implementado no Brasil a passos largos, a democracia foi abolida em nome da própria Democracia. Penso que tenha ficado claro, após os últimos acontecimentos no Brasil, que qualquer patriota que se oponha a esse sistema será duramente punido, voltando aos tempos da inquisição. A perseguição e punição se tornam atos legais e devidos, para proteger a famosa "democracia" (dos algozes) enquanto o povo perde a soberania e se torna ilegítimo perante a lei.

O sistema político do século XX girava em torno de grandes partidos de massa, que, ao longo do tempo, se transformaram em sistemas de clãs devido à diminuição da aplicação das regras democráticas. Atualmente, estamos diante de um sistema onde temos o clã como estrutura de referência do sistema social e a prevalência dos interesses econômicos privados sobre os interesses políticos públicos, o que nos conduz a um novo tipo de totalitarismo, que combina as distopias orwelliana e huxleiana.

Quando, por exemplo, Orwell afirma que a essência do socialismo (batizado como Socing ou Ingsoc) está no duplo pensamento, que acolhe "simultaneamente duas opiniões conflitantes, aceitando ambas", e na capacidade de "contar mentiras e acreditar verdadeiramente nelas", ele revela a raiz desse conceito. A manipulação bipolar torna-se evidente quando a mesma ação ou palavra adota significados opostos, dependendo de quem a pronuncia ou executa. Quando Orwell descreve a nebulosa imprecisão da neolinguagem, podemos pensar nos sermões dos ministros da Suprema Corte e de Luiz Inácio Lula da Silva, por exemplo. A linguagem e o pensamento se corrompem mutuamente e, ao agir, corrompem o mundo. Quando Orwell afirma que o Big Brother manipula o passado, tornando-o mutável — ao contrário do futuro, que já está predestinado — é impossível não perceber a correção histórica. A hipocrisia da linguagem, com o ministério da guerra transformado no ministério da paz, e o desaparecimento de palavras como honra, moralidade e religião, são semelhantes às ficções lexicais contemporâneas, como toda a retórica sobre gays, negros e migrantes. O juramento sagrado para ser admitido em partidos políticos autoritários e totalitários deve envolver a vontade de falsificar, corromper, chantagear e perseguir opositores, e até mesmo "vender seu país a potências estrangeiras". Tudo isso é profundamente perturbador.

TUDO ISSO É PERTURBADOR.

Na Itália, os ensaios de Orwell coletados nos arquivos da Mondadori — editora italiana fundada em 1907 por Arnoldo Mondadori — são bem interessantes. Orwell, claramente antifascista, documenta o consenso internacional que Mussolini tinha e observa: "Não há um único (seu) delito que não tenha sido altamente elogiado por aqueles que agora querem levá-lo a julgamento. Como é possível que uma ação considerada louvável no momento em que foi realizada, se torne subitamente condenável?". Na realidade, acrescenta, "ele é culpado do único crime que conta, o de ter perdido". Orwell observa que aqueles que condenam os tiranos "deveriam ser seus súditos; aqueles como Napoleão, punidos por uma autoridade estrangeira, são transformados em mártires e lendas." A sua descrição, em 1943, da fuga de Mussolini com uma mala para a Suíça foi profética.

Orwell não era um conservador, mas sim um social-democrata. Foi lutar pela República Antifascista na Espanha, mas, após testemunhar os horrores cometidos pelos comunistas e sofrer a acusação de ser um trotskista traidor, aliado a Franco, ele então compreendeu que o principal mal da Terra era o comunismo e o denunciou de forma inequívoca. Em 1949, Aldous Huxley escreveu a Orwell que o pesadelo de *1984* coincidiu com aquele que ele descreveu em *Admirável Mundo Novo:* os senhores do mundo induziriam as pessoas a amar a sua própria escravidão. De fato, estamos vendo que a sedução tirânica anestesia a humanidade.

O apêndice de *1984* é perturbador, pois Orwell prevê que, no século XXI, ocorreria a mutação da linguagem e da literatura, reconfiguradas pela nova ideologia, com o projeto de alcançar a adoção completa da neolinguagem. Estamos à frente da curva do que Orwell previu. A linguagem falsificada, o politicamente correto, a supervisão ideológica e sanitária, o passado apagado e reescrito, o regime das Big Techs e a ascensão da ditadura global, nos moldes russo-chinês, implementada nos governos ocidentais, estão, infelizmente, se concretizando progressivamente. Diante de tudo o que vivemos, o acontecimento mais irreparável para uma civilização não é ter um destino, mas sim uma existência ocasional e temerosa, flutuando indiferentemente entre a vida e a morte. O destino é a lacuna ontológica entre o ser e o não ser, o limiar inviolável entre o real e o possível, o acontecimento e o eventual; seu oposto é a invasão de um no outro, no frágil sinal da gratidão. Negar o destino é cair no reino das sombras, onde não há diferença substancial entre o ser e o nada. Sem destino, a liberdade se confunde com a desintegração, resultando em uma dissolução sombria.

Em uma sociedade civil justa, onde as pessoas são informadas com ética, liberdade e responsabilidade, sem viés ideológico em relação à vida humana, o poder obtido através do medo, do totalitarismo e da tirania desaparece. Penso que só podemos garantir uma ciência humana e social autenticamente democrática — como uma herança comum para a humanidade e uma garantia de ordem e progresso — quando deixarmos de ser uma maioria que simplesmente fala, e nos transformarmos em uma imensa maioria que reage sem flutuar entre a vida e a morte, indiferentemente.

A MORTE DA LIBERDADE DE EXPRESSÃO E COMO PODEMOS RESSUSCITÁ-LA

QUANDO A LIBERDADE DE EXPRESSÃO É ATACADA EM QUALQUER LUGAR, ELA ESTÁ EM RISCO EM TODOS OS LUGARES

MARCO ANTÔNIO COSTA

MARCO ANTÔNIO COSTA é analista político, jornalista, professor de direito constitucional e advogado. Diretor do canal Fio Diário e fundador do Institute for the Freedom of Press and Expression Brasil (IFPE Brasil), Marco Antônio Costa é um dos mais influentes comunicadores do cenário brasileiro atual e um dos maiores defensores da liberdade de expressão e de imprensa no Brasil.

Bem-vindos ao Brasil, onde a liberdade de expressão está ameaçada e, tragicamente, por quem deveria defendê-la.

Se você pensa que estou exagerando, basta observar o que ocorre em nosso Supremo Tribunal Federal, especialmente em relação ao ministro Alexandre de Moraes. Eles estão tão empenhados em silenciar vozes dissidentes que até George Orwell ficaria impressionado.

Parece que estamos vivendo em uma distopia onde a censura se disfarça de Justiça e a repressão se mascara como proteção da ordem pública.

É necessário encarar a gravidade dos fatos. A liberdade de expressão não é um privilégio, mas um direito fundamental. Ela é o coração pulsante de qualquer democracia saudável.

Sem a liberdade, resta apenas um eco monótono e assustador de conformidade, onde apenas as vozes aprovadas têm permissão para ser ouvidas. Isso não é liberdade de forma alguma; simboliza, de fato, uma prisão mental.

O que estamos testemunhando no Brasil atual é um ataque direto a esse direito fundamental, orquestrado por um tribunal que deveria ser o guardião da nossa Constituição. Além dos abusos cometidos e de toda a perseguição incessante, Alexandre de Moraes transformou a sua sórdida cruzada contra a liberdade em uma (pseudo) tese universitária ("Direito Eleitoral e o novo populismo digital extremista: liberdade de escolha do eleitor e a promoção da democracia"), uma obra fundamentada na matriz de pensamento totalitário, desprovida de bom senso e honestidade intelectual.

Olhemos para os fatos. Moraes, com sua mão de ferro, criou um inquérito com objetivos que violam tudo e todos — inclusive suas próprias palavras. Entre eles: censurar mídias sociais, perseguir jornalistas, intimidar e prender cidadãos — tudo para "defender a democracia".

Muitos falam em "erro judiciário", interpretações distorcidas, inobservância do devido processo legal... quando trata-se de puro abuso de poder e autoritarismo.

Isso é censura nua e crua.

E por que isso importa? Porque sem a liberdade de expressão, não há como questionar o poder. Não há como expor a corrupção e, certamente, não há como manter um governo sob o escrutínio dos cidadãos. Se fosse possível resumir, a liberdade de expressão é a principal ferramenta que temos para evitar que o poder se torne absoluto e corrupto. Pior ainda: que ele destrua vidas de inocentes que não têm sequer direito à defesa.

Para compreender o que está em jogo, precisamos revisitar alguns dos maiores defensores da liberdade de expressão.

Olavo de Carvalho (1947-2022), filósofo e escritor brasileiro, foi um dos mais notáveis defensores da liberdade de expressão, tanto no Brasil quanto no cenário mundial. Olavo defendia que a censura é uma ferramenta de controle usada por aqueles no poder para calar dissidentes e moldar a opinião pública conforme seus próprios interesses. Para Olavo, a liberdade de expressão é indispensável na busca pela verdade. Sem ela, a sociedade se torna vulnerável à manipulação e à desinformação, perdendo sua capacidade de discernir a verdade.

Olavo de Carvalho também argumenta em sua vasta obra que a censura não representa apenas uma ameaça à liberdade individual, mas também ao desenvolvimento intelectual e moral da sociedade. Ele acreditava (e suas palavras continuam extremamente relevantes nos dias de hoje) que o debate aberto e o confronto de ideias são fundamentais para o progresso. Sem essa liberdade, a sociedade se estagna e perde a capacidade de autocrítica e de corrigir seus próprios erros.

O economista e filósofo britânico John Stuart Mill (1806-1873), em sua obra *Sobre a Liberdade*, apresenta um argumento contundente em defesa da liberdade de expressão.

Mill defende que todas as ideias, por mais controversas que possam ser, devem ser expressas livremente. Mill acredita que a verdade só pode emergir através do livre confronto de opiniões — um conceito que contrasta diretamente com a atual juristocracia brasileira, que foi instaurada por Alexandre de Moraes e seus colegas supremos.

Mill também alerta sobre o perigo do "despotismo da maioria". Em uma democracia, não é apenas o governo que pode oprimir; tem o poder de impor suas opiniões e silenciar as minorias. Para Mill, a liberdade de expressão é uma salvaguarda contra esse tipo de tirania. Ela assegura que vozes dissidentes sejam sempre ouvidas e que novas ideias possam ser debatidas, promovendo o progresso social e intelectual.

Os autores de *O Federalista* (original: The Federalist Papers, publicado em 1788) forneceram contribuições valiosas sobre a importância da liberdade de expressão.

Em uma série de ensaios que defendem a Constituição dos Estados Unidos, Alexander Hamilton, James Madison e John Jay destacam a necessidade de proteger as liberdades civis contra o excesso de poder governamental.

Para os federalistas, a liberdade de expressão era vista como um direito natural que deve ser protegido para evitar a tirania. Eles acreditavam que um governo justo deveria "permitir e até encorajar a livre troca de ideias", pois isso "é fundamental para a democracia e para a proteção dos direitos fundamentais".

"A FAMIGERADA DEMOCRACIA"

No Brasil de hoje, as ações do STF e de Moraes têm sufocado e aniquilado o debate público, tornando urgente a necessidade de organização coletiva para defender a liberdade de expressão. Não se trata apenas de proteger os direitos dos indivíduos, mas de preservar a essência da "famigerada democracia brasileira".

Os alvos das garras da censura são incontáveis. Variam entre figuras anônimas e outras bem conhecidas — e todas elas com um ponto em comum: se transformaram em vítimas do despotismo covarde comandado por Moraes.

Utilizando de um poder quase absoluto para perseguir jornalistas e cidadãos nas redes sociais, Moraes e o STF sustentam há mais de quatro anos uma cortina de ferro, alimentada por medo, repressão, autocensura, espiral do silêncio, e outras medidas draconianas.

Tomemos o caso de Monark, influenciador digital de grande popularidade, que acabou no olho do furacão da justiça apenas por expressar suas críticas ao STF.

Moraes, sem perder tempo, ordenou o bloqueio de suas contas nas redes sociais, efetivamente silenciando uma voz dissidente — e que acabou furando a "bolha da direita". Por mais controversas que sejam as opiniões de alguém, o cerne de um sistema justo é permitir o debate aberto e livre.

Outro exemplo crucial e histórico é o de Allan dos Santos, jornalista forçado ao exílio devido à perseguição judicial liderada por Moraes.

Fundador do Terça Livre, que, em seu auge, derrotou as maiores redes de comunicação do Brasil em audiência, enfrentou acusações graves e um pedido de extradição que os Estados Unidos rejeitaram, por não reconhecerem o crime de opinião.

A perseguição a Allan dos Santos não fraturou apenas a vida de um indivíduo, mas também violou a liberdade de imprensa.

A medida foi claramente direcionada a outros jornalistas: quem criticar o establishment pode sofrer consequências severas.

A perseguição à imprensa livre não se limitou a Allan dos Santos.

Rodrigo Constantino e Paulo Figueiredo são vítimas da mordaça digital. Ambos tiveram suas contas bancárias bloqueadas e passaportes suspensos. Dois anos após as medidas arbitrárias, ainda enfrentam ordens judiciais que violam seus direitos constitucionais como cidadãos e jornalistas.

Constantino teve sua página no Patreon suspensa — medida que não só restringiu sua liberdade de expressão, mas também sua capacidade de sustento.

Figueiredo, por sua vez, foi censurado por criticar publicamente decisões judiciais e políticas do STF. Essas ações revelam uma estratégia deliberada de silenciamento e controle do pensamento.

Ludmila Lins Grilo, juíza respeitada, também foi vítima da mão pesada de Moraes, por fazer análises e críticas em suas redes sociais.

Suas contas bancárias foram congeladas, tentando intimidá-la e silenciá-la.

Trata-se de uma demonstração de poder, destinada a reprimir a liberdade de expressão de quem ousou desafiar a narrativa dominante.

Ao resgatar essa sucessão de infortúnios, a ironia não poderia ser mais gritante:

O STF, que deveria ser o guardião das liberdades públicas, tornou-se o protagonista de um expurgo real da liberdade de expressão.

A ideia de que a censura pode ser justificada "em nome da proteção da democracia" é um paradoxo que nos aproxima das ditaduras mais nefastas.

"MUITA GENTE PRA PRENDER E MUITA MULTA PARA APLICAR"

As ações de Alexandre de Moraes e do STF representam um período sombrio da história do Brasil. Como combater e derrotar essa onda autoritária? Requerem muita organização e mobilização. Precisamos nos unir, agir e, acima de tudo, proteger o direito de todos os brasileiros de falar livremente. Sem liberdade de expressão, não há democracia. Sem democracia, não há Brasil.

Moraes possui uma verborragia delirante de alguém incapaz de exercer o ofício de juiz, magistrado ou ministro de uma

Corte Suprema. Coletivas de imprensa, entrevistas para diversos jornais, participação em programas de auditório, jantares com empresários, organização e participação em grandes eventos com políticos e patrocinados por lobistas — atividades que ultrapassam todos os limites institucionais de sua função.

Aliás, nem senadores ou deputados federais amplamente conhecidos se expõem tanto publicamente quanto a maioria dos ministros do STF, especialmente Alexandre de Moraes. Em tempo: mesmo que tivesse sido eleito e recebido votos, seria admissível a postura de um político que tem a finalidade deliberada de censurar e perseguir opositores? Moraes expressa suas intenções de maneira desequilibrada, com sarcasmo, de modo passivo-agressivo, sem pudor, indiferente, com claras demonstrações de ressentimento e truculência — ele deixa evidente que possui uma agenda.

A proliferação de abusos cometidos por ele oblitera os fundamentos que justificam a existência do STF: previsibilidade, segurança jurídica, e claro, Justiça.

Agora, por um momento, tire suas próprias conclusões. As declarações, frases e comentários a seguir seriam condizentes com o decoro de um ministro do STF?

"Todos se recordam que bastava um cabo e um soldado para fechar o Supremo Tribunal Federal. O cabo, o soldado, o coronel, estão todos presos. E o Supremo Tribunal Federal aberto, e funcionando. Mas se disse que bastaria um cabo e um soldado."[1]

Ou, então, você acha justo que um representante da mais alta corte ironize a respeito dos réus que ele estava prestes a julgar?

"Eu fiquei feliz com a fala do ministro Toffoli, porque comparando os números, ainda tem muita gente para prender e muita multa para aplicar." [2]

E sobre o desejo, quase odioso, de controlar as redes sociais e ditar o que é apropriado para um cidadão? Isso é papel de um servidor público, indicado pelo Presidente da República para proteger a Constituição?

"As redes sociais não são terra sem lei! As redes sociais não são terra de ninguém!"[3]

"As plataformas e a internet deram voz aos imbecis."[4]

Pior ainda: o que dizer sobre a tentativa de diminuir profissionais, em clara demonstração de descaso? *"Eu cito um deles: um pseudojornalista foragido nos Estados Unidos, Rodrigo Constantino."*[5]

A VOLTA DA LIBERDADE

Em meio à insegurança jurídica que tomou conta do Brasil, surge a pergunta: o que pode ser feito para resgatar a normalidade e devolver o respeito à instituição STF?

Primeiramente, precisamos nos organizar. Isso implica que jornalistas, acadêmicos, políticos e cidadãos comuns devem unir forças para formar um movimento coeso e resiliente, ocupando espaços no Terceiro Setor e no meio cultural, tanto em território nacional quanto no exterior. Um movimento que não só defenda a liberdade de expressão, mas que também pressione por reformas institucionais.

Precisamos de um sistema de pesos e contrapesos mais robusto que impeça a concentração excessiva de poder em qualquer ramo do governo e do Judiciário.

Não podemos esperar que essas mudanças venham de cima para baixo, de maneira imposta. Temos que lutar por elas. E isso exige mais do que indignação; exige ação. Precisamos de uma sociedade civil organizada, capaz de responsabilizar os que abusam do poder e garantir que a liberdade de expressão permaneça um direito inviolável, livre das garras da burocracia estatal.

O que apresento e explico de maneira objetiva é que o STF declarou uma verdadeira guerra à liberdade de expressão. A explicação deste fenômeno exige uma compreensão profunda da natureza humana, que se revela quando burocratas descobrem a possibilidade de exercer um "poder absoluto" sobre a sociedade. Ou seja, sem limites ou freios.

Sim, isso é a expressão máxima do totalitarismo.

Neste momento histórico, precisamos, com urgência, responsabilizar os abusadores e promover as reformas necessárias para impedir que o ciclo de abusos se repita.

Alexandre de Moraes deve sofrer um processo de *impeachment*, que culminará na sua remoção do STF. Em seguida, deverá ser responsabilizado civil e criminalmente por todos os abusos que cometeu.

Será uma árdua missão. Temos muitas reformas institucionais pela frente. Desde mudanças no Regimento Interno do Senado Federal até Propostas de Emenda à Constituição.

Seremos livres novamente quando pudermos criticar aberta e incisivamente qualquer burocrata, político, juiz, ministro, sem medo de retaliação.

---

1 : Referências aos atos de 8 de janeiro e a investigações que tiveram militares como alvos — 22/5/2024.
2: Declarações feitas durante participação no seminário "STF em ação" com o tema "O Guardião da Constituição e a Harmonia entre os Poderes", realizado em Brasília — 14/12/2022.
3: Sobre a inclusão de Elon Musk no inquérito das "milícias digitais" — 07/04/2024.
4: Declaração feita no Congresso Brasileiro de Magistrados, em Salvador — 14/5/2022.
5: Frase dita em sessão do STF em comentário sobre matérias reveladoras da Folha de S. Paulo — 14/08/2024.

PODEMOS PERDER NOSSOS FILHOS PARA UM NARCOESTADO

LEGÍTIMA DEFESA E DEMOCRACIA

MARCOS SBOROWSKI POLLON

MARCOS POLLON é ativista, advogado e deputado federal. Fundador do Proarmas, organização que promove o debate público, jurídico e político sobre o acesso civil a armas de fogo.

Em um mundo onde os valores democráticos estão constantemente sendo desafiados e a segurança dos cidadãos encontra-se em risco, a garantia do direito à legítima defesa surge como um pilar fundamental na preservação da liberdade e da ordem pública. Como um jurista defensor dos valores conservadores, é essencial reconhecer a importância da autodefesa como um direito inalienável de cada indivíduo.

Discutiremos a relação entre a legítima defesa, destacando o uso de armas de fogo no fortalecimento da democracia, evidenciando o papel essencial que as armas de fogo desempenham na garantia da ordem e segurança pública. Além disso, traçaremos um paralelo com os valores defendidos pela National Rifle Association (NRA) nos EUA e o PROARMAS no Brasil, analisando as perspectivas de pensadores como Olavo de Carvalho e o Stephen P. Halbrook sobre o armamento civil.

Os Estados Unidos possuem uma longa tradição de defesa do direito constitucional à posse de armas. Dados estatísticos demonstram que estados com leis mais permissivas em relação ao porte de armas apresentam índices de criminalidade mais baixos quando comparados àqueles que adotam uma abordagem restritiva. A descentralização do poder e a confiança na responsabilidade individual são elementos fundamentais que contribuem para o sucesso desse modelo.

A Segunda Emenda da Constituição dos Estados Unidos, integrante da Carta de Direitos, garante o direito do povo de manter e portar armas. Concebida pelos fundadores como uma salvaguarda contra a tirania, essa emenda reforça a crença de que uma população bem armada funciona como um contrapeso essencial ao poder do governo. Essa disposição constitucional não só protege os direitos individuais, mas também serve como um alicerce para a democracia, assegurando a participação dos cidadãos na defesa de seus direitos.

Não podemos deixar de mencionar a Suíça, frequentemente citada como um exemplo de país onde a posse responsável de armas pela população civil coexiste harmoniosamente com a segurança pública. Vale ressaltar que o serviço militar obrigatório, aliado a uma cultura de treinamento rigoroso, cria uma sociedade civil armada e bem instruída. Surpreendentemente, a Suíça apresenta baixos índices de criminalidade, demonstrando que a coexistência entre cidadãos armados e a segurança não é apenas possível, mas eficaz.

Países que adotam uma política mais liberal em relação ao acesso a armas de fogo frequentemente apresentam taxas mais baixas de crimes violentos. Estudos demonstram que a possibilidade de autodefesa, quando aliada a regulamentações responsáveis, pode dissuadir criminosos e contribuir para um ambiente mais seguro.

Contrariando algumas preocupações, dados indicam que restrições rigorosas ao acesso a armas não necessariamente correlacionam-se com taxas mais baixas de suicídios ou acidentes.

Por outro lado, a implementação de programas educativos sobre segurança, aliados ao estímulo à responsabilidade individual, pode ser igualmente eficaz na prevenção dessas ocorrências.

Durante o furacão Katrina, em 2005, o direito à autodefesa tornou-se crucial para os cidadãos afetados. Aqueles que possuíam armas foram capazes de proteger suas propriedades e famílias, enquanto a aplicação da lei enfrentou desafios logísticos significativos.

A experiência da Suíça durante a Segunda Guerra Mundial também ilustra como uma população civil armada pode desempenhar um papel essencial na resistência a ameaças externas. Por essa razão, a neutralidade suíça foi preservada, em parte, graças à prontidão da população em defender seu país.

O povo suíço, com sua tradição de treinamento militar, exemplifica como uma população armada e bem treinada pode contribuir para a segurança coletiva. Isso prova que o foco na responsabilidade individual e na educação sobre o uso adequado de armas cria um ambiente seguro.

Ao analisarmos a história, o livro *Hitler e o Desarmamento* revela os perigos do desarmamento da população. A manipulação das massas por regimes totalitários frequentemente começa com a restrição do acesso a armas, enfraquecendo a capacidade de resistência do povo contra tiranias.

Por fim, defenderemos a tese de que, quanto mais a população civil ordeira se armar, mais a criminalidade será reduzida e a democracia será fortalecida em nosso país.

O PAPEL DAS ARMAS DE FOGO NA LEGÍTIMA DEFESA E NA MANUTENÇÃO DA ORDEM PÚBLICA

No âmbito da legítima defesa, as armas de fogo desempenham um papel fundamental na capacidade dos cidadãos de protegerem a si mesmos, suas famílias e suas propriedades contra ameaças iminentes. Em um contexto onde a violência e a criminalidade surgem de forma rápida e inesperada, a posse legal de armas de fogo oferece aos indivíduos uma medida eficaz de autodefesa. A capacidade de portar uma arma de fogo não apenas dissuade potenciais agressores, mas também proporciona aos cidadãos uma sensação de segurança e empoderamento, permitindo-lhes enfrentar situações de perigo com maior confiança e assertividade.

Além disso, as armas de fogo desempenham um papel na manutenção da ordem pública. Ao possibilitar que os cidadãos exerçam seu direito à autodefesa, as armas de fogo contribuem significativamente para a redução da criminalidade e para o aumento da segurança nas comunidades. Estudos demonstram que áreas onde a posse legal de armas é permitida tendem a apresentar índices mais baixos de crimes violentos, uma vez que os criminosos são menos propensos a cometer delitos em locais onde há uma alta probabilidade de encontrar resistência armada por parte das vítimas potenciais.

Assim, é claro que as armas de fogo desempenham um papel fundamental na garantia da ordem e segurança pública, ao fornecerem aos cidadãos meios eficazes de autodefesa e dissuasão contra a criminalidade.

A perspectiva da National Rifle Association (NRA) é a defesa dos direitos à legítima defesa e ao armamento civil, e sua conexão ideológica com a Associação Nacional do Movimento Pró-Armas (AMPA)

A National Rifle Association (NRA) é uma organização que tem desempenhado um papel de grande relevância na defesa dos direitos dos cidadãos americanos de possuírem e portarem armas de fogo. Fundada em 1871, a NRA tem como missão promover a educação sobre o uso seguro e responsável de armas de fogo, além de advogar pela proteção dos direitos constitucionais dos americanos, especialmente o direito à autodefesa.

Os valores defendidos pela NRA estão profundamente enraizados na crença de que o direito à legítima defesa é fundamental para a preservação da liberdade individual e da segurança pública. A organização argumenta que a capacidade dos cidadãos de se defenderem é essencial para a manutenção de uma sociedade livre e democrática, sendo o acesso às armas de fogo um meio eficaz de garantir esse direito.

Por meio de programas de treinamento em segurança de armas de fogo e defesa pessoal, a NRA capacita os cidadãos a exercerem seu direito à autodefesa de forma responsável e eficaz. Além disso, a NRA é uma voz influente na arena política, combatendo propostas legislativas que visam restringir o acesso dos cidadãos às armas de fogo e enfraquecer seu direito à legítima defesa.

Nesse contexto, os valores e princípios defendidos pela NRA alinha-se com a perspectiva conservadora e libertária, de que o direito à autodefesa é um direito natural e inalienável de cada indivíduo. A organização reforça a ideia de que uma população armada é capaz de resistir à tirania e à opressão, garantindo, assim, a manutenção da ordem e da liberdade em uma sociedade democrática

Fundada em 2017, a Associação Nacional do Movimento Pró-Armas defende, em sua essência, valores semelhantes aos promovidos por defensores da liberdade individual e da democracia. A organização defende que uma população armada e preparada seja um dos maiores dissuasores contra o crime e a opressão. Este posicionamento é corroborado por comprovações estatísticas de que o direito ao armamento civil é um componente crítico na manutenção da ordem e segurança pública, contribuindo significativamente para a prevenção da criminalidade e para a proteção da cidadania contra abusos.

OLAVO DE CARVALHO E A IMPORTÂNCIA DO ARMAMENTO CIVIL NA DEFESA DA DEMOCRACIA E DA LIBERDADE INDIVIDUAL

O filósofo Olavo de Carvalho é amplamente reconhecido por suas posições firmes em defesa da liberdade individual e da democracia. Em seus escritos e pronunciamentos, sempre destaca o papel crucial do armamento civil na proteção desses valores fundamentais.

O professor Olavo argumenta que uma população desarmada está vulnerável à tirania e à opressão por parte do Estado, pois não possui meios eficazes para resistir à usurpação de seus direitos fundamentais. Ele enfatiza que a posse de armas de fogo pelos cidadãos não apenas dissuade potenciais agressores, sejam eles criminosos comuns ou agentes do Estado, mas também se configura como um último recurso para a defesa da liberdade contra a tirania.

Em seu livro *O Mínimo que Você Precisa Saber para Não Ser um Idiota*, Olavo de Carvalho ressalta que a história está repleta de exemplos de regimes totalitários que desarmaram a população antes de impor sua vontade pela força. Ele alerta que a mesma ameaça pode se manifestar em sociedades democráticas, caso os cidadãos sejam privados de seu direito à autodefesa.

Assim, para Olavo, o armamento civil não é apenas uma questão de segurança pessoal, mas também de salvaguardar os fundamentos da democracia e da liberdade individual. Ele argumenta que uma população armada é capaz de resistir a qualquer tentativa de supressão de seus direitos básicos, garantindo, assim, a continuidade da ordem democrática e o respeito pelas liberdades individuais.

O FORTALECIMENTO DA DEMOCRACIA ATRAVÉS DO ARMAMENTO CIVIL

Diante do exposto, é evidente que o armamento civil desempenha um papel crucial na garantia da democracia e da segurança pública, pois que as armas de fogo contribuem para a redução da criminalidade e o fortalecimento dos valores democráticos.

Isso ocorre principalmente por assegurar o direito à legítima defesa e fornecer aos cidadãos meios eficazes de proteger a si mesmos, ou suas comunidades.

Ao contrário do que argumentam alguns críticos, o acesso às armas de fogo não aumenta a violência, pois serve como um elemento essencial contra aqueles que buscam violar a lei e impor sua vontade pela força. Estudos demonstram que áreas onde a posse legal de armas é permitida tendem a apresentar índices mais baixos de crimes violentos, uma vez que os criminosos são menos propensos a cometer delitos em locais onde há uma alta probabilidade de encontrar resistência armada por parte das vítimas potenciais.

Além disso, ao promover a autossuficiência e a responsabilidade individual, o armamento civil fortalece os laços sociais e a coesão comunitária, elementos fundamentais para o funcionamento saudável de uma sociedade democrática. Quando os cidadãos se sentem capacitados a proteger a si mesmos e suas comunidades, a confiança na ordem pública é consolidada e a democracia é fortalecida como resultado.

O armamento civil, quando inserido dentro de um quadro de legalidade, responsabilidade e formação adequada, representa uma extensão lógica do direito à legítima defesa. Em países onde o direito ao porte de armas é respeitado, promovido dentro de parâmetros claros e seguros, observa-se um cidadão mais empoderado, além de uma sociedade mais resiliente contra ameaças internas e externas.

Stephen P. Halbrook, renomado autor do best-seller *Hitler e o Desarmamento*, e advogado especialista em direitos constitucionais e questões relativas ao armamento, argumenta consistentemente que a capacidade de um povo de se armar é fundamental para a prevenção de tiranias e para a proteção da liberdade individual. Halbrook ressalta que, historicamente, a privação do direito ao armamento precede a erosão das liberdades civis e a instauração de regimes autoritários.

Em conclusão, é imperativo que a população civil responsável tenha o direito e os meios necessários para se defender. Ao garantir o acesso às armas de fogo e promover a educação sobre seu uso seguro e responsável, podemos criar uma sociedade mais segura e democrática, onde cada indivíduo possa desfrutar dos direitos e liberdades fundamentais.

Portanto, devemos defender o direito à legítima defesa e ao armamento civil como mecanismos essenciais para garantir a democracia e da liberdade em nosso país. A correlação entre uma população civil ordeira armada e a diminuição da criminalidade é sustentada por diversas pesquisas e evidências empíricas. Além disso, o direito ao armamento civil representa uma salvaguarda contra a possibilidade de tirania e um mecanismo de fortalecimento da democracia.

Todavia, defendo a promoção de políticas que reconheçam e facilitem o acesso responsável ao armamento civil, acompanhadas de programas adequados de educação e treinamento. Essas medidas não só protegerão os direitos fundamentais de nossos cidadãos como também promoverão uma sociedade mais segura, justa e livre.

Quanto mais a população civil responsável se armar, sob o amparo da lei e com responsabilidade, menor será a incidência de criminalidade e mais robusta será a nossa democracia. O direito ao armamento civil é, portanto, um pilar para a construção de uma sociedade verdadeiramente livre e segura. Para tanto, sempre proclamaremos o brocado de que nossa luta "não é sobre armas, é sobre liberdade"!

A INVASÃO DA MENTE

PEDRO PÔNCIO

PEDRO PÔNCIO cresceu em um acampamento do MST. Bacharel em Teologia, hoje atua como escritor, palestrante e ativista cristão na política.

Aos 11 anos de idade, devido à extrema pobreza de nossa família, meus pais e eu fomos cooptados pela esquerda brasileira e fomos morar em um acampamento do MST. Ali permaneci por quase uma década. Anos após deixar aquele ambiente e iniciar um processo gradual de libertação das amarras ideológicas às quais fui submetido, descobri que, na verdade, fui fruto de um experimento social. Toda a gama de doutrinação marxista que recebi tinha o objetivo de me transformar em um militante político de esquerda, um terrorista, um verdadeiro soldado da revolução socialista.

    Hoje, após um longo período de libertação da mente e anos correndo atrás do prejuízo intelectual que me custou fazer parte do Movimento Sem Terra, sinto a necessidade de explorar um tema relativo ao MST que talvez poucos se disponham a abordar. Muito se fala sobre a invasão de propriedade privada quando se trata dos "movimentos sociais rurais" no Brasil, tal qual CUT, MST, MTST; pouco se fala do maior trunfo desses movimentos e a maior maldição para as famílias brasileiras: a invasão da mente.

    Todas as relações humanas começam na parte imaterial do ser humano: na alma, no espírito, nas emoções, nos pensamentos.

Cada vez que um ser humano vem ao mundo, ele é como uma folha em branco, e, a partir do seu nascimento, cada interação com o mundo, por meio dos sentidos, irá formar seu caráter, sua personalidade e sua bagagem cultural. As ações e decisões que essa pessoa tomará dependerão grandemente das ideias que irão influenciá-la, dos discursos e gatilhos que irão persuadi-la. Sabendo disso, homens maus e poderosos vêm buscando dominar o mundo sensorial para instrumentalizá-lo politicamente no domínio das massas. O marxismo, por sua vez, tem sido a principal matéria-prima desse processo de alienação coletiva.

Em meu livro *A face oculta do MST* (Pôncio, 2024), no capítulo "Uma face mais oculta", defino o MST como uma seita religiosa e revelo os estratagemas utilizados pelo movimento para promover uma lavagem cerebral em seus membros, através de técnicas psicológicas de manipulação da mente. No movimento, essa técnica, ou nova religião, é denominada mística. O MST surgiu inicialmente a partir da Comissão Pastoral da Terra (CPT) — um movimento católico marxista que intermediava conflitos no campo. A partir dessa origem, os líderes do movimento decidiram criar uma nova religião, retirando gradualmente os conceitos cristãos e incorporando os princípios da revolução. Assim, a cruz foi substituída pela bandeira do movimento, Jesus foi substituído por revolucionários tal como Che Guevara, e as canções católicas foram pelo hino oficial do movimento. Com isso, a mensagem cristã desapareceu, mas a religiosidade permaneceu, sendo, então, denominada "mística".

João Pedro Stedile, um dos fundadores do MST, reconhece a influência da Teologia da Libertação na criação da mística do MST e nem mesmo o uso disseminado dessa nova religião para propagar seus ideais no imaginário dos acampados. Ele acredita que o movimento tenha criado uma religião superior, algo que, em vez de prometer um "ideal utópico e inalcançável", como o Evangelho cristão que promete a vida eterna, oferece algo mais material, próximo da realidade e mais estimulante para o povo: a justiça social.

> Já os carismáticos, estes usam a mística para um ideal inalcançável. No caso, ela não se sustenta, da mesma forma que esse movimento carismático não dura a vida inteira. As pessoas se darão conta do engodo, que pode até durar 20 anos ou 30 anos, mas não sobrevive na história da humanidade. Diferentemente, fomos construindo maneiras de fazer mística a partir de uma maior compreensão. Antes só imitávamos: "A Igreja usa determinada liturgia mística para manter a unidade em torno do projeto do Evangelho". Quando forçávamos a cópia, não dava certo porque as pessoas têm de ter o sentimento voltado para algum projeto. A partir dessa compreensão, em cada momento, em cada atividade do movimento, ressaltamos uma faceta do projeto como forma de motivar as pessoas (Stédile, 2005 apud Pôncio, 2024, p. 103).

Para abordarmos o tema da liberdade neste capítulo, é necessário questionar até que ponto o domínio dos sentidos uma mente pode ter para ainda assim ser considerada "livre". Até que ponto uma geração, cujas mentes e emoções foram completamente subjugadas por mestres da engenharia social, se tornando parte de uma lavagem cerebral em massa e hospedeiros de uma religião enganosa, pode ser considerada verdadeiramente livre?

A palavra liberdade é bandeira de diversos movimentos políticos e sociais, estampando cartazes e estando presente em canções e poemas. O problema é o mau uso e a ressignificação que essa palavra vem sofrendo nas últimas décadas. Mas, afinal, o que significa liberdade? Liberdade, por si só, é um conceito originado no contexto judaico-cristão. A palavra liberdade aparece no segundo capítulo do primeiro livro da Torá, quando Deus oferece ao homem a liberdade de fazer uma escolha: obedecer a sua ordem e receber como benefício a vida, ou desobedecer e enfrentar como consequência a morte.

> "E o SENHOR Deus lhe deu esta ordem: 'De toda árvore do jardim comerás livremente, mas da árvore do conhecimento do bem e do mal não comerás; porque, no dia em que dela comeres, certamente morrerás'". GN.2.16 ARA.

No entanto, esse conceito foi abordado pelo pai da filosofia cristã, Santo Agostinho, e atrelado à ideia de livre-arbítrio. Em seu livro *O Livre Arbítrio* (2014), Agostinho abre um diálogo com seu amigo Evódio e lhe explica o livre-arbítrio, ou seja, a liberdade sempre apontará para a bondade e para a justiça, e isso significa que o homem foi criado por Deus com a liberdade para fazer o bem e que, caso não o faça, a justiça será acionada e o homem será punido.

Assim, quando Deus castiga o pecador, o que parece ele dizer, senão estas palavras: "Eu te castigo porque não usaste de tua vontade livre para aquilo a que eu a concedi a ti? Isto é, para agires com retidão". Por outro lado, se o homem carecesse do livre-arbítrio, como poderia existir esse bem, que consiste em manifestar a justiça, condenando os pecados e premiando as boas ações? Visto que a conduta desse homem não seria nem pecado nem boa ação, caso não fosse voluntária. Igualmente, o castigo, como a recompensa, seria injusto, se o homem não fosse dotado de vontade livre. Ora, era necessário que a justiça estivesse presente tanto no castigo quanto na recompensa, pois aí se encontra um dos bens cuja fonte é Deus.

A ideia de Santo Agostinho sobre a natureza antropológica do homem se opõe àquela de Rousseau, que defende que o homem nasce bom. A teologia agostiniana, tradicionalmente aceita pelos cristãos, sustenta que o homem, após pecar contra Deus, perdeu aquele livre-arbítrio primitivo. Desde então, todas as suas faculdades cognitivas, sua razão, suas emoções e sua volição estão inclinadas ao mal e não ao bem, isso desde o seu nascimento. A liberdade então seria a capacidade de ter domínio próprio sobre suas más inclinações e conseguir praticar aquilo que é bom, justo e moral.

Por exemplo, isso poderia ser ilustrado na prática: todos nós temos a liberdade de ir e vir, mas não podemos "ir" para lugares ou propriedades privadas; caso assim o fizermos, estaremos violando a lei; logo, invadir a propriedade de alguém é algo moral e legalmente errado; portanto, todos somos livres para ir e vir, desde que com isso nossas ações sejam alinhadas com o que é bom, justo e moral. Esse mesmo exemplo pode se aplicar a todas as outras liberdades. Veja como é contraditório, por exemplo, o uso da palavra "liberdade" sendo aplicada a pessoas cujas mentes estão completamente dominadas por ideologias destrutivas; se dizem livres para usar entorpecentes quando, na realidade, são escravas das drogas; afirmam ser livres sexualmente, quando são escravas da pornografia, da obscenidade e da carência afetiva; afirmam ser livres para expressar suas opiniões, quando, na realidade, são escravas do politicamente correto, do policiamento da opinião e da aprovação de uma militância; são servos e não senhores de si mesmo;

são escravos do mal e não livres para agir de acordo com o que é bom, justo e moral para si mesmos.

Além do uso da religião como ferramenta de invasão da mente, para manipulação das massas, em minha experiência no MST, pude observar uma outra estratégia muito utilizada pelo movimento, mas que rompe as fronteiras dos acampamentos e pode ser vista em quase toda a agenda progressista. Trata-se de um termo conceito chamado estimulação contraditória.

Segundo o professor Olavo de Carvalho, no livro *O Jardim das Aflições* (2015, p. 106), o processo conhecido como lavagem cerebral nada mais é do que a aplicação das teorias do neurofisiologista russo Ivan Pavlov, originalmente chamada de estimulação contraditória, que consiste em anular a consciência do indivíduo criando uma confusão mental, derrubando suas defesas psicológicas, de modo que ele se torna completamente submisso a comandos e sugestões. No MST, por exemplo, todos os discursos eram carregados de estímulos religiosos revolucionários, mas também repletos de contradições. Era dito, por exemplo, que o movimento pregava o amor, enquanto todas as ações de impacto eram voltadas para o ódio. Nas invasões, era comum que animais fossem assassinados, por vezes apenas por diversão ou como vingança contra o "grande latifundiário". Pessoas eram machucadas, e há um vasto histórico de tortura, depredação do bem público e palavras de ordem em tom de ameaça. Ainda assim, os estímulos, os teatros, e os poemas eram sempre carregados de caridade, bondade e compaixão. Os comitês políticos de esquerda, as universidades e até a própria mídia estão hoje carregados de estimulação contraditória: os discursos são sempre persuasivos e apaixonantes, mas sempre carregados de contradição, e isso cria nos idiotas úteis uma angústia profunda, na qual não há espaço para a racionalidade, semântica e interpretação. O que disse acerca disso o professor Olavo de Carvalho*:

> O cidadão comum que, de boné do MST na cabeça, fizesse apelos à paz no campo, seria imediatamente acusado de louco ou de piadista infame. Mas o presidente faz exatamente isso e o público, não sabendo se deve rir ou chorar, indignar-se ou temer, prefere fingir que não viu nada. Finge uma vez, duas, três: na quarta, seu cérebro está programado para não ver a quinta. Nem a sexta. Nem a milésima. Está programado para não ver mais nada nunca mais e para aceitar com docilidade bovina tudo o que lhe entre pelos ouvidos, se vier de fonte oficial. Leiam Pavlov. É exatamente assim, literalmente assim que funciona a estimulação contraditória. Seus efeitos já são perceptíveis em todo o território nacional, onde são cada vez em menor número os olhos abertos para enxergar a enormidade grotesca das situações que se sucedem neste Brasil de 2003, Ano I da Era Lula.

Essa profunda angústia que o leitor sente sempre que se depara com as contradições marxistas apenas reafirma que a estimulação contraditória é uma ferramenta eficaz, cujo objetivo é a confusão mental e o caos social. Se cedermos às suas investidas, não restará pedra sobre pedra no que chamamos de civilização ocidental. A razão está sob ataque, os valores correm risco de extinção e, todos os dias, milhares de jovens são atingidos por seus ardis. Dia após dia, ligar a TV, assistir a um telejornal ou acessar as redes sociais tem sido um desafio para aqueles que fazem bom uso da racionalidade.

---

* *Jornal da Tarde*, 17 julho 2003: https://olavodecarvalho.org/o-estilo-pavlov-de-governar/.

É perturbador, eu sei, saber que tipo de jogo estão jogando e nem sempre conseguimos despertar para a verdade aqueles que estão ao nosso redor; às vezes é frustrante, mas não devemos desistir! É preciso mais do que apenas dizer a essa geração que não são livres; é preciso libertá-los, e isso só será possível se conseguirmos iniciá-los na busca pela verdade.

Eis aqui a prova: quem escreve é alguém que Paulo Freire, com sua pedagogia, não conseguiu transformar em um oprimido. Mesmo diante de tamanha alienação, até a mais pura religião socialista terá que se dobrar perante a verdade, pois ela é imbatível, e nada podemos contra ela. Não em vão, o homem mais sábio da história disse há 2.000 anos: "E conhecereis a verdade e a verdade vos libertará" (João 8:32).

EDUCAR PARA A LIBERDADE

FABIANE VITÓRIA DA SILVA e RINALDO PENTEADO

RINALDO PENTEADO DA SILVA é advogado, ativista em Educação e cofundador do Movimento Lugar de Criança é na Escola/RS.

FABIANE VITÓRIA DA SILVA é pedagoga, ativista em Educação, delegada da Confenapais/RS e cofundadora do Movimento Lugar de Criança é na Escola/RS.

Vivemos a urgente necessidade de compreender as palavras e os conceitos em sua origem, para não cair na armadilha da filosofia desconstrucionista, que destruiu os verdadeiros sentidos e ressignificou a ideia tradicional das coisas. Dissertar sobre a educação pressupõe, inicialmente, recordar seu sentido para devolvê-la ao seu papel de essência e valor social para a humanidade, como princípio civilizatório do indivíduo, que forma seus costumes, hábitos e virtudes. Para defender a verdadeira educação, é necessário, em primeiro lugar, valorizá-la novamente como um projeto nacional, voltado para capacitar cada ser em formação e iluminar suas mentes, permitindo-lhes liberdade para traçar seus próprios destinos.

Até a década de 80, ainda no século passado, os alunos foram as últimas testemunhas de um ensino que realmente buscava educá-los. Talvez muitos, sem saber nomear ou entender tecnicamente, saibam identificar, com certeza, que a jornada que percorreram os tornou intelectualmente melhores, deu-lhes ferramentas para seu desenvolvimento e evolução como seres humanos. A antiga escolarização modificava comportamentos, refinava padrões, disciplinava a busca pelo crescimento pessoal, sofisticava memórias e, consequentemente, espíritos. Esses eram tempos ainda sob a influência da escola tradicional/clássica, onde os professores eram capacitados e formados para serem pessoas cultas. Possuíam vasto vocabulário, escrita correta, oralidade eloquente, boa postura e didática eficaz para os conteúdos a serem ministrados. Os docentes que estavam à frente das classes de alfabetização, ensino clássico e ensino médio nem sequer conheciam as teorias da escola de Frankfurt, a Revolução Cultural, Gramsci, Marx ou a educação libertadora de Freire e seus pares progressistas. Os docentes dessa época simplesmente ministravam suas aulas.

 Essa ideia de formação docente a partir da didática teve sua influência na obra do pensador Comenius (1600) que reconhece a responsabilidade dos mestres para o processo de ensinar de forma a alcançar o desenvolvimento intelectual e divino de cada indivíduo. Esta era a educação integral proposta por Comenius, capaz de fornecer ferramentas e orientações para a evolução da consciência humana, formando um ser em sua totalidade, capaz de perpetuar, geração após geração, saberes e valores para o bem comum. Sob essa concepção, as gerações passadas vivenciaram os últimos anos do ensino de conteúdos e conceitos científicos, da moral e das boas condutas necessárias para viver em sociedade.

 Já nos primeiros parágrafos, seria um desafio imenso apontar como essa ideia de educação, de sociedade e de indivíduo em formação foi, em grande parte, derrotada pelas ideias progressistas vigentes e dominantes nos cursos de base e nas formações continuadas dos professores que, atualmente, definem o que deve ser ensinado a esta geração de crianças e jovens. Como a geração atuante, não a dos intelectuais da academia, mas a dos professores do chão da escola, aqueles que habitavam os conselhos de classe, as salas dos professores e viviam o dia a dia da sala de aula, frente a frente com seus alunos, permitiu o avanço de um pensamento que os afastaria do protagonismo de seus ofícios? Por que compactuaram com teorias que não se confirmavam na prática? Por que defenderam uma das maiores tragédias brasileiras?

As teorias que os convenceram e, por consequência, foram ganhando espaço nas universidades, nas linhas de pesquisa, nos cursos de pedagogia e nas licenciaturas, eram carregadas de palavras humanistas, inclusivas, fraternas e adequadas para a mudança social, tecnológica e cultural que se apresentava na época. Pareciam fazer algum sentido para uma geração de alunos que se transformava a cada ano. Crianças e adolescentes vivenciavam mudanças na forma e no modo de viver, sendo proibidos de ser exigidos para não traumatizá-los, sendo apresentados a facilidades e imediatismos para não cansá-los, sendo expostos aos discursos e narrativas do politicamente correto, com o objetivo de se tornarem um coletivo virtuoso, passando a adotar novos padrões em sala de aula. Logo, as teorias e as tendências pedagógicas convenciam que o rumo para a revolução cultural, que já havia submetido toda uma geração, fazia mais sentido.

Não só convenceram aqueles que faziam parte do cotidiano escolar, mas também os que deveriam ser os últimos guardiões da boa educação, responsáveis por perpetuar princípios e valores: as famílias. Os pais também passaram a priorizar a facilidade em vez do esforço, o imediatismo em vez do valor das coisas, as coisas em vez do estudo, e a recompensa em vez do compromisso. Dessa confusão de papéis e prioridades sobre como a geração adulta deveria atuar para perpetuar nossa espécie, surgiram ideias que formariam um ser social, seguidor de discursos coletivos, de conceitos universais e globais, com crenças e ideais que o afastariam dos seus desafios, batalhas pessoais e empenhos perante a vida. Essas ideias corroboravam com o tipo de ser humano, sociedade e visão de mundo que a revolução cultural de Gramsci esperava, sorrateiramente, inserir em todo espaço da criança e do jovem: na escola e na família. Essas ideias podem ser localizadas na teoria de John Dewey, no início do século XX, principal influenciador do movimento da Escola Nova no Brasil e do manifesto dos Pioneiros da Educação. Em seu pensamento, o objetivo era formar mentes para uma única visão de mundo, um pensamento comum para toda a humanidade, nascendo assim a primeira ideia de uma sociedade global. Em sua obra "Meu Credo Pedagógico", Dewey defendia que o indivíduo educado seria, antes de tudo, o indivíduo social, e a escola teria como finalidade essa formação. No contraponto à educação clássica/tradicional, os conteúdos não seriam mais apenas objetos de estudo a serem ensinados, mas sim a sua relação e relevância para a vida em sociedade

Essas ideias influenciaram um importante movimento educacional brasileiro, denominado "Os Pioneiros da Educação", que lideraram o "Manifesto dos Pioneiros da Escola Nova", o qual reuniu diversos intelectuais. Esse marco na história da educação brasileira afirmou pela primeira vez que o "conteúdo" não é o mais importante. Ou seja, o que se deve ensinar deve ceder lugar ao "como" se deve ensinar, fazendo com que a forma de ensino passe a desempenhar um papel central, em detrimento dos conceitos, saberes e do acervo cultural. E essa foi uma via sem retorno. Como herança, temos hoje a falácia das teorias sócio-construtivistas, que ganharam força muito mais pelo "modismo" do que pelos resultados qualitativos reais. Nesse contexto histórico no Brasil, podemos datar o fortalecimento da concepção de uma educação voltada à qualidade social, conforme pensada na teoria de Dewey, a qual se tornou a linha majoritária de produção de conhecimento nas pesquisas e estudos acadêmicos ao longo de décadas. O processo de inferiorizar o ensino clássico, tradicional e instrucional pautou, por gerações, a formação de professores, com menosprezo ao seu próprio ofício, como detentores do conhecimento acumulado pela humanidade, descentralizando sua figura de educador e negando sua autoridade e autonomia. À medida que o professor vai perdendo esse papel, a posição do aluno, de "aprendente", também se desfaz. Na prática da vida escolar, dentro das instituições de ensino da educação básica brasileira, as estratégias foram unilateralmente traçadas. Somente os agentes da guerra cultural de Marx, Gramsci e seus operadores no campo educacional, como Dermeval Saviani e Paulo Freire, defensores da escola libertadora e da crítica social dos conteúdos no Brasil, comandavam as regras do jogo. Um jogo jogado sem o conhecimento e o consentimento dos cidadãos comuns, brasileiros de todas as regiões dessa nação — do litoral ao sertão, do cerrado ao pantanal, do norte ao sul. Jamais imaginaríamos que estaríamos perdendo uma guerra não declarada, mas em pleno curso. Jamais teríamos compreendido facilmente que nossos filhos, e os filhos deles, estariam no alvo de um projeto de poder à custa de suas mentes, almas e corações. Todas as teorias, palavras de virtude e ideias de uma sociedade mais justa e igualitária desaguavam em um oceano de pouca profundidade, mas com vasta hegemonia e domínio. O imperativo da educação estatal, universal e de qualidade para todos tinham suas vozes ecoadas nas organizações sindicais, que passaram a comandar a escola pública em todo o território brasileiro, sendo peça-chave do projeto que fundamenta até hoje a base da formação docente no Brasil. Da universidade pública à privada, o foco deixou de ser a didática que formara as normalistas do século passado, cultas e capacitadas, para passar a preparar professores para domesticar toda uma geração, com os valores do Estado, do "coletivo", e não mais com os valores das famílias brasileiras. Chegamos a este ponto na linha histórica para uma pausa reflexiva importante, talvez uma indagação fundamental para nossas famílias. Queremos nós, ou almejamos para as gerações futuras, continuar terceirizando a educação de nossas crianças e jovens para os valores do Estado? Vamos delegar a consciência de nossos filhos e netos aos princípios e regras definidos pelo Estado? Recentemente, entre 2023 e 2024, presenciamos o resultado dessa guerra cultural que se estruturou nas instituições, com diversas entidades, organizações, conselhos, centrais sindicais, fóruns e associações, e uma meticulosa estratégia legislativa em todos os níveis — municipal, estadual e nacional — para implementar o que podemos chamar de vitória do Projeto de Poder. A CONAEE de 2024, Conferência Nacional de Educação Extraordinária, foi mais um plano dessa guerra, que coloca o ensino dos estudantes brasileiros no centro do programa conclusivo das ideias pioneiras da tragédia educacional. A CONAEE, que fundamenta o Plano Nacional de Educação vigente no decênio 2024-2034, consolida as ideias dos Pioneiros da Educação, de Saviani e Freire, que buscam a destruição da família como unidade para educar um ser humano, da escola como espaço de instrução e elevação da mente, para um sujeito que se forma na permissão de pensar apenas o que é consenso. Não uno, não potente e jamais livre.

O ponto central do Plano Nacional de Educação (PNE) é a implementação do Sistema Nacional de Educação (SNE), que confere ao Estado o poder de ditar a educação. Essa é uma antiga ambição dos teóricos progressistas, desde o Manifesto dos Pioneiros. O SNE é a consolidação do projeto de poder, em que todas as diretrizes educacionais são controladas por uma instituição totalitária, que determinará o que os estudantes de todas as escolas do território nacional aprenderão e de que forma o farão. Toda decisão sobre acervo cultural e curricular ficará sob o controle do Estado. Não haverá mais liberdade para concepções pedagógicas, para ensinar e aprender, nem para o desenvolvimento individual. O Plano Nacional de Educação (PNE) e o Sistema Nacional de Educação (SNE), propostos após a realização da última Conferência Nacional de Educação Extraordinária (CONAEE), podem se tornar o capítulo final da dominação política, ideológica e sindical no campo da Educação no Brasil. É fundamental que todos os parlamentares responsáveis por analisar esta proposta legislativa tenham plena ciência das armadilhas ocultas entre as narrativas e discursos habilmente construídos, que buscam transformar em lei práticas destrutivas que invadiram as salas de aula de todo o país. Este alerta fica registrado.

A aprovação do texto proposto para o novo PNE, com a consequente estruturação de um SNE, representaria praticamente o fim de iniciativas que hoje representam importantes alternativas de verdadeira resistência ao domínio político, ideológico e sindical vigente. Em um contexto de liberdade, são possíveis e viáveis alternativas que vão desde o modelo de escolas cívico-militares até o homeschooling (educação domiciliar), passando pelas parcerias público-privadas na área da Educação, pelos vouchers educacionais e pelas charters schools. Todas essas iniciativas e modelos mencionados anteriormente são fortemente combatidos pelos defensores de um discurso único, imperativo e umbilicalmente ligado ao total domínio estatal sobre o que será "estudado" e, principalmente, como isso será "ensinado". O modelo das escolas cívico-militares, por exemplo, é fortemente combatido pelos intelectuais que dominam a academia, talvez pelos resultados incontestáveis obtidos pelas escolas que o adotaram ou pela maciça aprovação das famílias e das comunidades que recebem uma escola com esse modelo. Segundo dados consolidados do MEC em 2022, mais de 85% das famílias perceberam uma mudança satisfatória no ambiente escolar após a adesão ao programa de escolas cívico-militares, além de uma redução de mais de 80% nos índices de violência e evasão escolar.

Os vouchers, as charters schools e as parcerias público-privadas são iniciativas que, aos poucos, estão sendo testadas com grande êxito em algumas unidades da federação. Em linhas gerais, essas iniciativas se caracterizam pela presença de recursos públicos investidos em parceria com entes privados para a gestão administrativa escolar ou com instituições privadas de ensino. Essas instituições preservam suas características de gestão privada, autônoma e livre em sua organização, mas são responsáveis pela necessária prestação de contas e avaliadas pelos resultados alcançados. Percebe-se claramente a presença de elementos criticados — e temidos — pela dominação cultural vigente, como a livre iniciativa, a liberdade de escolha, a autonomia de gestão e o foco nos resultados. Esses fatores beneficiam, de diversas formas, o cidadão e o acesso ao serviço público essencial da educação, mas dificultam sobremaneira a atuação político-ideológica e, principalmente, sindical.

O homeschooling, ou educação domiciliar, é uma modalidade de ensino ainda não regulamentada no ordenamento jurídico brasileiro. O PL 1338/2022, que trata da regulamentação da oferta domiciliar de educação básica no Brasil, está em tramitação no Congresso Nacional. A defesa da educação domiciliar tem ganhado força nos últimos anos no Brasil, como uma reação legítima da sociedade contra um ambiente escolar infestado de doutrinação política e ideológica, que colide com os valores das famílias brasileiras e, muitas vezes, gera conflitos entre pais e filhos.

Trata-se de uma lacuna legislativa que deve ser preenchida e que merece a devida atenção dos congressistas. É importante destacar que, em algumas situações, a adoção da educação domiciliar não é apenas uma faculdade, mas uma necessidade, devido às características especiais de alunos que os impedem de frequentar regularmente o ambiente escolar. Em última análise, a regulamentação do homeschooling atua como uma forma de inclusão de muitos alunos que, atualmente, estão estudando em uma modalidade à margem da legislação brasileira. É claro que o campo progressista se opõe a iniciativas que rompem ou dificultam a adoção do pretendido monopólio estatal da educação. É importante destacar que a transmissão dos saberes não deve, e jamais poderia, ser concentrada pelo Estado. Isso seria um ato de negação histórica e evolutiva, não apenas da educação, mas da própria natureza humana.

A educação progressista traçou sua linha histórica em direção a uma sociedade global, com suas pautas de segregação disfarçadas de inclusão e igualdade. A domesticação de mentes, também conhecida como doutrinação, substitui o que deveria ser científico, o ensino de fatos e acontecimentos. O tempo destinado à doutrinação modifica a função social da escola, transformando-a em um espaço de atos políticos e doutrinários, que "emburrecem" e criam escravos, em vez de indivíduos livres.

Quanto mais conhecimento, mais livre é o ser humano, e mais autônoma se torna uma nação. Educar é iluminar a mente, é preparar o indivíduo para sua evolução pessoal. Envolve formar costumes e hábitos virtuosos para atuar no mundo, na sociedade, na família e no trabalho. Uma verdadeira jornada educacional, a qual desejamos para a nação brasileira, é aquela que conduz a criança em desenvolvimento a adotar atitudes e a tomar decisões em liberdade.

LIBERDADE PARA PENSAR

GUSTAVO LOPES

GUSTAVO LOPES é jornalista com mestrado em comunicação. Atua como analista e consultor político. Dirigiu os documentários *Acolhida e Emergencial*; *Tradição* (em edição); e *Genocidas* (em produção). É organizador do livro *Guerra Cultural na Prática*. Ocupou diversos cargos no governo Bolsonaro e em 2022 assumiu a Secretaria Nacional do Audiovisual.

Todos sabem que nosso país vive atualmente uma época em que as liberdades são relativas, limitadas, cerceadas ou, simplesmente, inexistem. Seja a liberdade de expressão, política, religiosa, econômica ou de defesa. Todas elas são, em alguma medida, atacadas por quem atualmente domina o Brasil.

O sufocamento das liberdades individuais, embora seja de conhecimento geral, não é admitido por muitos. Pois, na realidade, ele não se aplica ao QUE, mas sim a QUEM. Assim, dependendo de que lado da história você está, essa mão pesada e asfixiante não o alcança. E, muitas vezes, quem está do lado errado da história sente prazer ao ver aqueles que lutam pela liberdade serem sufocados.

Entre esses ataques às liberdades talvez o mais pesado (ainda que muitas vezes imperceptível) seja o ataque à liberdade de pensamento. Porque ele condiciona todos os outros. A esquerda percebeu, há um século atrás, que mais efetivo do que uma revolução armada (traumática, antipática e dispendiosa) uma revolução do pensamento traria resultados mais duradouros a longo prazo.

Um dos primeiros a desenvolver a ideia de Hegemonia Cultural foi o italiano Antonio Gramsci, na década de 1920. Gramsci percebeu que o Ocidente precisaria ser conquistado de dentro para fora, e isso só seria possível por meio da ocupação das instâncias formadoras do intelecto: escolas, universidades, igrejas e, sobretudo, os meios de ação cultural.

Na mesma época, porém com mais sofisticação e alcance, um grupo de pesquisadores alemães criou o Instituto para Pesquisas Sociais, mais conhecido como Escola de Frankfurt, de onde saíram a quase totalidade das "teorias críticas"* que moldam o ideário da nova esquerda.

No entanto, ao contrário do que frequentemente se pensa, não foi apenas a hegemonia cultural e sua disseminação por meio das teorias críticas que moldaram o mundo como o conhecemos hoje. O condicionamento cognitivo atual resulta de uma dominância ainda mais abrangente do pensamento esquerdista. Seja por meio da formação intelectual, das imposições e do controle estatal ou, até mesmo, no ambiente corporativo, o livre pensar torna-se cada vez mais um ato de coragem.

EDUCAÇÃO

Certamente, o primeiro campo a ser conquistado por essa "revolução do pensamento" foi a educação: todas as instâncias formadoras do intelecto foram, gradualmente, ocupadas pelo pensamento marxista, de forma aberta ou velada. No entanto, tanto a Hegemonia Cultural de Gramsci quanto as Teorias Críticas da Escola de Frankfurt levaram tempo para se infiltrar no pensamento

---

* As Teorias Críticas, formuladas no âmbito da Escola de Frankfurt, propunham uma oposição às teorias tradicionais por meio de uma releitura desde o ponto de vista marxista. A partir daí, uma infinidade de postulados são criados no arcabouço do marxismo cultural.

ocidental, por meio das estruturas culturais e educacionais. Elas atingem um novo estágio a partir da década de 60. Herbert Marcuse, um dos expoentes da Escola de Frankfurt, estava à frente deste movimento. Após incitar a radicalização de universitários, ele os incentivou a se infiltrar nas próprias universidades, nas escolas, nas mídias e nos meios de produção. A ideia era atuar CONTRA essas instituições enquanto se trabalhava nelas. Por meio dessa infiltração nas instituições, a esquerda poderia levar adiante sua revolução cultural e implantar uma transformação de valores que desintegrasse, gradualmente, os valores morais, éticos e culturais da sociedade, subvertendo-os e substituindo-os pela doutrina marxista. A manipulação de símbolos, ideias e tradições ocorreria com "respaldo acadêmico" para legitimar as transformações. Para isso, era necessário controlar os meios de informação e doutrinação. Além disso, a ideia era pegar o conhecimento teórico desenvolvido nas universidades e espalhá-lo por contágio na sociedade, destruindo a cultura tradicional e a cadeia de valores existentes. Assim, o ponto de partida seriam as universidades. No entanto, a ideia não era apenas ter alunos e professores marxistas: o objetivo final era que os próprios gestores dessas instituições replicassem o pensamento revolucionário. Em um estudo recente, o pesquisador Mitchell Langbert* entrevistou milhares de professores das 50 principais universidades americanas e a constatação é estarrecedora: a proporção de liberais** para conservadores é de 10,4 para 1. Se West Point e Annapolis (duas faculdades militares) forem

---

• Disponível em:
https://www.nas.org/academicquestions/31/2/homogenous_the_political_affiliations_of_elite_liberal_arts_college_faculty.
•• Liberal, para a tradição americana, é o sujeito de esquerda. Aqui no Brasil usamos o termo da escola britânica, na qual liberal é o indivíduo que defende o livre mercado, as liberdades individuais e um Estado menor.

excluídas, a proporção sobe para 12,7 para 1. Se analisados apenas os cursos da área de humanas a proporção chega a 30 para 1.

O problema, nesse contexto, não é apenas a hegemonia do pensamento esquerdista. A produção acadêmica se torna hegemônica, com um claro viés esquerdista nas publicações, desconsiderando dados estatísticos ou científicos. A "ciência" passa a atender à ideologia, numa clara subversão do conhecimento científico. Isso se revela em milhares de estudos, nos quais os conceitos são criados primeiro, e as teorias que os "legitimam" surgem posteriormente. A hegemonia do pensamento esquerdista não se estabelece pela qualidade do que produz, mas pela quantidade. Isso, evidentemente, se reflete em outros meios de produção do intelecto e construção do imaginário coletivo, especialmente na imprensa e na indústria cultural. Toda a novilíngua propagada nas universidades se infiltra nos produtos midiáticos e culturais. Por isso termos como racismo estrutural, racismo ambiental, negacionismo climático, privilégio branco, decolonialismo, neoimperialismo, desconstrução, privilégio masculino, heteronormatividade, capitalismo monopolista, transgeneridade, autopercepção, entre outros, adquirem o que Marcuse chamava de "terapia linguística". Ou seja, trata-se da subversão de conceitos por meio das palavras para assim criar novos significados e validar novos padrões morais, baseados em suas próprias teorias, em um ciclo vicioso e infinito de retroalimentação ideológica e autofagia social.

De forma lógica, a esquerda concebe todo o seu arcabouço acadêmico (teórico, epistêmico e metodológico) de forma a fazer parecer que é neutro. Na realidade, promovem a ortodoxia marxista, reprimem os dissidentes com supostos julgamentos morais (relativos) e transformam a universidade num grande centro catalizador de ativismo social.

Outro ponto premeditado e perigoso dessa ocupação de espaços acadêmicos por intelectuais marxistas é a perseguição nestes meios aos professores e alunos com viés conservador. Nas universidades americanas (assim como nas brasileiras), os coordenadores de cursos e programas são definidos pelos próprios professores. Como eles têm maioria absoluta, se perpetuam nos cargos. Mais ainda, escolhem apenas aqueles de "sua panelinha" para promoções, bolsas, pesquisas e viagens.

> "Com o tempo, os radicais modificaram a universidade como um todo, garantindo posições de influência, legitimando suas ideias em publicações simpatizantes, removendo "reacionários" do corpo docente e recrutando grupos de estudantes de pós-graduação que transformariam o espírito dos comunicados revolucionários em uma densa massa acadêmica." (RUFO, 2024).

Esta longa e ininterrupta ocupação das instituições chega agora ao seu ápice: são esses professores, com seu forte perfil ideológico, que estão à frente das universidades. É difícil vislumbrar no horizonte de curto, médio e mesmo longo prazos qualquer mudança nesse cenário. Pelo contrário, a tendência é essa concentração se tornar cada vez mais intensa.

No entanto, o maior problema não é a hegemonia acadêmica da esquerda. Mas sim que, por meio dela, a verdadeira ciência é reduzida a um mero instrumento legitimador de suas pautas e agendas, mesmo que, para isso, tenha que ser reinterpretada até se ajustar nos conceitos manifestos em vontades e desejos e não mais em conhecimento e pesquisa.

MANIPULAÇÃO PSICOLÓGICA E CHANTAGEM EMOCIONAL

Já que o caminho a seguir não era o caos da ação revolucionária, mas sim a manipulação de símbolos e ideias, era preciso converter (ou silenciar) aqueles que pensavam de forma diferente. Isso se daria pela simples erradicação de corpos estranhos, por meio de processos disciplinares, censuras e demissões, ou pela manipulação emocional, concessão de privilégios, manifestação de culpa e submissão moral à nova hierarquia. Dessa forma, muitos professores e alunos que não professam o ideário marxista acabam escolhendo dois caminhos: adesão ou silêncio.

O caminho da adesão é o mais simples. Ao perceberem que não podem vencer a hegemonia ideológica, escolhem aderir a ela, abrindo mão de seus princípios e valores para serem aceitos por seus pares, evitando sofrer qualquer tipo de retaliação pública por parte de colegas ou alunos. A outra escolha é se submeter à espiral do silêncio. Uma vez que o custo social de defender seus pontos de vista é muito alto, impõem-se uma autocensura que, embora não tão covarde quanto a adesão, acaba beneficiando da mesma forma a hegemonia reinante. Logicamente existem exceções, tanto no corpo docente como no universo discente. Estes são os verdadeiros heróis de nosso tempo e estão nos mostrando o caminho a ser seguido: resistir e reconquistar.

TERRORISMO LEGITIMADO

Em Marcuse, ícone da intelectualidade progressista americana, encontra-se até mesmo a justificativa para atos terroristas. Não por acaso, as universidades americanas estão tomadas por manifestantes pró-Hamas e antissemitas. Marcuse considerava um "direito natural" que os grupos "subjugados" usassem "meios extralegais" quando os meios legais se mostravam inadequados. Essa justificativa cretina serve tanto para o Hamas como para o Black Lives Matter ou o MST: segundo o teórico, o uso de métodos violentos por estes grupos não gera violência, mas encerra uma já estabelecida.

Na verdade, essa ideia encontra sua gênese no relativismo moral, típico da esquerda, e atinge seu auge teórico no ensaio "Tolerância Repressiva"*, no qual Marcuse sustenta que a solução era uma "tolerância libertadora", na qual os movimentos da direita devem ser deslegitimados, desacreditados e, de preferência, proibidos e, por outro lado, os movimentos da esquerda devem ser tolerados e estimulados. Dessa forma, suprimir as liberdades de expressão e de pensamento, direitos políticos e religiosos, tornam-se permitidos, pois estariam atuando para impedir os "inimigos da revolução". Qualquer semelhança com o que vivemos hoje no Brasil não é, sem dúvida, mera coincidência.

A ex-presidente Dilma Rousseff participou de ações armadas, terrorismo e foi anistiada. Se a anistia foi justa para uns, por que não para outros?

Não se trata de equivaler situações históricas distintas, mas de manter coerência nos princípios. Direitos humanos são universais — valem para aliados e adversários. Do contrário, não são direitos, são privilégios. A verdadeira esquerda não pode ter dois pesos e duas medidas. Ou se opõe a toda forma de violência

---

* Neste ensaio Marcuse estabelece como crucial ser intolerante com movimentos de direita e tolerar os movimentos da esquerda, desacreditando, deslegitimando e criminalizando os primeiros e promovendo e legitimando os segundos por meio de todo o arsenal do marxismo cultural: universidades, mídia, indústria cultural.

estatal e cerceamento de direitos por tribunais viciados e parciais, ou serão meros oportunistas políticos disfarçados de defensores da democracia.

HEGEMONIA MIDIÁTICA

Se as universidades serviram como polo inicial para estabelecer a hegemonia marxista e, a partir delas, disseminar "por contágio" à sociedade a sua ideologia, era preciso conquistar os outros dois "E" dessa equação: Estado e Empresas. Junto com a Educação, já conquistada e remodelada, a esquerda teria o domínio social completo.

Mas para isso era necessário que a linguagem da teoria crítica marxista transbordasse da academia para o cotidiano das pessoas e, assim, dominar corações e mentes. Quem melhor para traduzir e normalizar essa terminologia, tornando-a natural do que a mídia?

Assim, aos poucos e inexoravelmente, a linguagem estatal e empresarial converteu-se em linguagem do marxismo cultural. Esse processo foi tão silencioso, burocrático e gradual que passou despercebido até ter se consolidado por completo, como veremos adiante.

As redações usaram as mesmas táticas usadas do ambiente acadêmico: dominaram os sindicatos, isolaram jornalistas que não seguiam sua cartilha, estabeleceram a hegemonia e em pouco tempo não só jornalistas, mas também editores e diretores de empresas de comunicação transformaram a estrutura midiática em correia de transmissão de suas ideologias.

"Após a conquista do poder, os ativistas da nova "contramídia" implantaram o modelo de mudança política que havia sido desenvolvido nas universidades: saturar o discurso com conceitos políticos extremamente viciados a fim de moldar a consciência popular e pré-condicionar o público a tirar conclusões políticas de esquerda." (RUFO, 2024)

Essa modelagem cognitiva por meio da imprensa foi consolidada com a realização de uma sobrecarga linguística, em que um conjunto de expressões ideológicas é usado em grande escala e implantado na opinião pública por meio da repetição. Dessa forma, as massas assimilariam esses juízos de valor como verdadeiros e naturais.

Como a imprensa, historicamente, reserva para si o papel de "mediadora" legítima da realidade e essa massa argumentativa já vem "autenticada" pelo que chamo de instâncias legitimadoras (universidades, por exemplo), torna-se fácil dissuadir o público em determinado sentido. Embora se trate de pós-verdade* e não de fatos reais.

CONTROLE ESTATAL

Romanticamente, o esquerdista revolucionário se apresentava como alguém que dizia querer derrubar o sistema e acabar com o Estado, para, em seu lugar, construir uma sociedade "justa e igualitária". Isso nunca foi verdade, e hoje a esquerda não tem a menor intenção de acabar com o Estado. Ela é, de fato, o Estado.

---

* Em 2016, o Dicionário Oxford escolheu "pós-verdade" como palavra do ano. O conceito se aplica quando fatos objetivos são menos influenciadores na formação da opinião pública do que apelos à emoção ou à crença pessoal.

A esquerda não se limitou a ocupar apenas escolas, universidades e redações. Mas todo o estamento burocrático foi sequestrado pelo ideário marxista, ainda que muitos sequer percebam que estão, na verdade, "lutando pela revolução", como havia profetizado Antonio Gramsci.

O aparato estatal viabiliza o controle social quase completo. Quanto mais Estado ditando regras, menos liberdade individual e mais condicionamento cognitivo há, resultando num aprisionamento institucional do pensamento. A esquerda soube explorar isso para aprofundar o estamento burocrático na vida social, política e até familiar.

A conquista do Estado foi ainda mais fácil do que o controle das universidades ou das redações: com o terreno preparado, a captura ocorreu de forma quase natural e sem resistência. Não era necessário converter ninguém nas instâncias burocráticas. Os agentes da revolução, embora involuntários, já chegavam lá completamente formatados e prontos para retroalimentar a hegemonia ideológica. Dessa forma, a revolução hoje, se dá POR MEIO do Estado e não mais CONTRA o Estado.

Se nos anos 60 e 70, Marcuse produzia todo o seu arsenal de teorias críticas para abastecer intelectuais em sua luta contra "gestores e generais", essa dicotomia simplesmente desapareceu nos dias atuais. Na verdade, todos eles lutam para preservar e expandir a hegemonia dominante.

O controle estatal, como dissemos, torna muito mais fácil o controle social, corolário de toda a gigantesca (e ineficaz) massa teórica marxista: ao fim e ao cabo, tudo se resume a controle. E nisso (e talvez só nisso) o Estado é muito eficiente.

Os exemplos são intermináveis. Seja por meio de leis que reduzem quase ao limite as liberdades individuais; seja na regulação estatal excessiva, que impede o empreendedorismo; seja pela interferência do governo na economia; seja na tributação excessiva, agora acrescida de uma maior concentração na União.

Mas, sobretudo, é sobre o pensamento que o Estado pesa a sua mão. Por isso, as seguidas tentativas de regular as mídias sociais (que não foram capturadas pela esquerda como a mídia "tradicional"). Ou que os currículos escolares têm, cada vez mais, a subversão de valores como sua marca principal. Ou ainda, que escolhas individuais são impostas a toda sociedade por meio da pauta identitária.

Poderíamos escrever muitos livros citando o poder que o Estado exerce sobre o indivíduo e o porquê disso ser tão perigoso, especialmente quando nas mãos de agentes revolucionários o único objetivo é a destruição dos pilares sociais. Para ilustrar com um exemplo de fácil compreensão, podemos mencionar o Projeto de Lei que tramita no Congresso e prevê a obrigatoriedade do ensino da disciplina de feminismo nas escolas.

Logicamente, por meio da guerra cultural hegemonicamente dominada pela esquerda, essa pauta já está sendo imposta à população. Entretanto, o controle institucional imediato é muito mais rápido do que o controle imaginário a médio e longo prazo. Isso só foi possível, claro, com o imaginário previamente dominado. Ao dominar os meios de ação estatais para impor seu ideário, o marxismo encontra um atalho na guerra cultural: enquanto o marxismo cultural promove mudanças profundas na sociedade a médio e longo prazo, o controle estatal provoca mudanças imediatas, ainda que pontuais. É a Guerra Cultural 2.0, quando o marxismo cultural e o aparato estatal se unem para subverter os valores sociais.

> O resultado é uma revolta do Estado contra o povo. A burocracia fortalece seu próprio poder e privilégio, ao mesmo tempo que conduz uma revolução financiada pelos pagadores de impostos contra as classes média e baixa. A libertação se torna o pretexto para a dominação. A contracultura se torna o *establishment*. A revolução se cristaliza em burocracia. (RUFO, 2024)

José Dirceu, um dos maiores criminosos deste país, mas um personagem a quem não se pode negar inteligência, havia preconizado que a esquerda "tomaria o poder, o que é diferente de vencer a eleição". Em 2018, vencemos a eleição; no entanto o poder do establishment jamais esteve nas mãos da direita. Embora as estruturas políticas tradicionais continuassem as mesmas (Executivo, Legislativo e Judiciário), as subestruturas burocráticas haviam sido gradualmente capturadas em décadas de ocupação silenciosa.

O professor Olavo de Carvalho (que deveria ser mais estudado por nossos líderes políticos) dizia, de forma absurdamente clara, que tínhamos a cereja, mas jamais tivemos o bolo. O bolo estava com a esquerda, fosse ela revolucionária, ideológica ou identitária. A conquista hegemônica foi tamanha que eles não são apenas os donos do bolo; a semente, o trigo, o moinho e a farinha também pertencem a eles.

O DOMÍNIO DO MUNDO CORPORATIVO

Educação, Estado e Empresas: esses são os três "E" que hoje são dominados pelo pensamento revolucionário marxista. Sim, é paradoxal e essa "verdade difícil de engolir" precisa ser digerida aos poucos.

Logicamente que, assim como em relação ao Estado ("*hay gobierno, yo soy contra*"), os marxistas sempre afirmaram combater o capitalismo, suas estruturas de poder e exploração do proletariado e toda aquela ladainha que simplesmente desapareceu com a simples constatação da realidade. Porém, justamente pela inevitabilidade dessa constatação, era preciso ocupar esses ambientes, como um vírus que infecta um corpo sadio e vai apossando-se do organismo até transformá-lo em outra coisa.

Após conquistarem a educação, espalhando sua ideologia por meio do monopólio acadêmico e da "ciência" enviesada; normalizado as narrativas por meio da mídia aparelhada; e, por fim, ocupado o Estado com o estamento burocrático, o passo seguinte seria dominar o ambiente corporativo. Assim como o Estado caiu de maduro nas mão da esquerda, o mundo corporativo foi sendo tragado quase imperceptivelmente para dentro desse pântano identitário.

Siglas como DEI (diversity, equity, and inclusion) ou ESG (*Environmental, Social and Governance*) — essa mais comum por aqui — criaram uma espécie de *ethos* moral substituto, na qual as empresas que não se adequassem dentro desses novos critérios eram acusadas de intolerância (e todo o rol de bobagens do politicamente correto) e passavam a ser boicotadas pelo público que, por meio das etapas anteriores do processo de dominação, era bombardeado com as novas "verdades universais".

> "Para impor essa nova ortodoxia, os ativistas de esquerda criaram departamentos de "diversidade, equidade e inclusão" em todo o estrato de burocracias públicas e privadas. Os aliados são

recompensados com status, cargos e empregos. Os dissidentes são humilhados, marginalizados e enviados para o exílio moral." (RUFO, 2024)

A genialidade dessa estratégia é que ela aconteceu naturalmente, uma vez que todos os aspectos de formação do intelecto e, por conseguinte, as instâncias legitimadoras, já haviam preparado o terreno (corações e mentes) para receber essas mudanças como se fossem normais.

Não houve discussões, ninguém propôs um plebiscito ou referendo; ela simplesmente surgiu de dentro para fora, sem muito alarde e sem muita resistência. O constrangimento foi empurrando para a espiral do silêncio as vozes dissidentes. Aqueles que insistiam em resistir eram cancelados, com o rótulo de fascista, racista, e tantos outros "istas".

As ironias dessa invasão do marxismo em corporações capitalistas são incontáveis. Talvez a mais óbvia (e, até por isso, irritante) seja perceber que a direita política criou o cenário perfeito para que as empresas prosperassem: redução da carga tributária, livre comércio e desregulamentação, criando um terreno fértil para a esquerda política colher os frutos como se fossem resultado de seu trabalho. Hoje, é o seu ideário que domina o universo capitalista, em qualquer área ou setor, enquanto a direita é vista como retrógrada e preconceituosa.

A Agenda 2030, menina dos olhos dos globalistas, e o movimento woke se infiltraram até a medula nas empresas. A cultura das empresas mudou completamente para absorver as exigências do identitarismo marxista. E essa cultura se reflete interna e externamente.

No RH das empresas, o filtro já começa na entrevista de emprego. O candidato deve se adequar aos valores do DEI e ESG e se mostrar disposto a "melhorar como indivíduo" (entenda-se, aderir à agenda identitária). Além disso, é necessário se reciclar periodicamente para "desconstruir" preconceitos (entenda-se deixar de lado suas crenças e valores). Muitas empresas vão além e reservam parte de suas vagas para determinadas "minorias".

Externamente, as empresas investem pesadamente em marketing identitário, buscando agradar a uma parcela de público que, estatisticamente, é muito pequena. Porém, é a parcela que representa a dominância ideológica dos meios de ação cultural que vimos anteriormente.

Logicamente, as empresas continuam buscando o lucro, que é uma das razões de ser de um negócio. No entanto, as corporações estão dispostas a "pagar esse pedágio" ao movimento woke para não serem cancelados. Ainda não se pode afirmar se a intenção é apenas neutralizar a ameaça ou cooptar os ativistas. Seja como for, até o momento, estão se rendendo ao politicamente correto. Mesmo que isso represente prejuízos enormes, muitas vezes. Ceder à hipocrisia não diminui o dano, que não é apenas financeiro, mas também moral.

Para a agenda marxista, tanto faz a intenção da empresa, já que quanto mais as corporações se submetem, mais a ideologia ganha poder e vai se consolidando na mente dos consumidores, por meio da capacidade massiva de repercussão das grandes marcas. Dessa maneira, assim como intelectuais, jornalistas e burocratas, os empresários engrossam as fileiras dos soldados da revolução. Querendo ou não.

ABANDONO DA AGENDA WOKE?

Vocês podem estar se perguntando: mas a agenda woke não está acabando? Afinal, temos visto inúmeras marcas fechando seus departamentos de diversidade, inclusão, etc. Eu diria que é muito cedo para apostar no fim da agenda woke. O que está havendo, sem dúvida, é a realidade se impondo e obrigando as empresas a reavaliarem sua postura frente à reação do público que, em sua maioria, rechaça esse tipo de posicionamento.

Ou seja, os clientes dessas marcas começaram a se manifestar contrariamente e, muitas vezes, deixando de comprar os produtos com essa mensagem. Trata-se da regulação natural do mercado. Tornou-se muito caro ser "politicamente correto". O lucro das empresas desabou por conta dessa imposição cultural e elas estão se reposicionando. Afinal, nunca foi por bondade. Apenas um pedágio temporário que o mundo corporativo pagou para a agenda lacradora.

Mas, se por um lado, o marketing e a "forçação" de barra woke (ou seja, a parte aparente do problema) sofreram derrotas contundentes nos últimos tempos, a mentalidade woke segue parasitando fortemente o mundo corporativo.

Além disso, segue mais viva que nunca na educação, na cultura e no Estado, esperando uma nova oportunidade para voltar a ocupar a identidade das empresas. Um exemplo disso é a tradicional marca de carros Jaguar, que simplesmente destruiu sua identidade clássica e botou uma completamente woke no lugar. Ou seja, achar que o movimento woke acabou é muita ingenuidade justamente porque ele ainda domina todos os três Es.

A QUE PONTO CHEGAMOS

A educação já não precisa mais produzir conhecimento, mas o despertar para a "consciência crítica". As empresas já não existem para gerar riqueza, mas para garantir "diversidade e inclusão". O Estado já não serve para garantir direitos naturais, mas para conquistar a "justiça social". Tudo falácias, mas são mentiras tão atraentes que muitos caíram e seguem caindo.

A hegemonia esquerdista nos três "E" parece algo irreversível. O domínio do pensamento e dos meios de ação se apresenta quase como natural, como se sempre tivesse sido assim. O Ocidente chegou até aqui percorrendo um tortuoso caminho, iniciado, no mínimo, há um século. Com alguns recuos e muitos avanços, essa estrada nos trouxe até aqui. Podemos voltar?

CAMINHO DE VOLTA

No conto João e Maria (Hänsel und Gretel, no original alemão), dos irmãos Grimm, Joãozinho deixa pedrinhas e, em outra ocasião, migalhas de pão pelo caminho para encontrar o caminho de volta. No conto, os passarinhos comem as migalhas e eles não conseguem mais voltar. No nosso caso, o caminho de volta é muito claro diante de nós.

Mas para podermos voltar é fundamental saber de onde viemos e como chegamos até aqui. A esquerda subverteu, ao longo de décadas, tudo o que era bom, belo e verdadeiro. E a sociedade foi se afastando da verdade e, muitas vezes, se esquecendo dela. A verdade, no entanto, não mudou. Fomos nós que mudamos.

O marxismo cultural pintou uma tela grotesca na superfície de nossa sociedade, impedindo-nos de olhar além dela e enxergar o que realmente importa. Nosso pensamento ficou aprisionado nessas abstrações e perdeu o contato com nossos princípios, valores e tradições. Sobretudo, nos afastamos de Deus. E isso, por mais incômodo que seja, precisa ser dito.

Então, o primeiro passo, após entendermos como chegamos até aqui, é saber para onde devemos voltar. Trata-se de uma contrarrevolução! Ela começa justamente restabelecendo os fundamentos dos três pilares da nossa civilização: a filosofia grega — o império da razão, simbolizado pelo conhecimento; o direito romano — o império das leis, que representa o Estado de Direito; e a moral cristã, que nos fornece o embasamento ético de nossa história.

Isso está muito além da política. Contudo, a direita política também tem a missão de compreender essa jornada e caminhar ao lado do cidadão nessa retomada. A restauração do domínio político (e não apenas governamental) de valores que se conectem com o cidadão comum. Marx sempre temeu os contrarrevolucionários, pois sabia que eles podiam derrotar a revolução.

> Essa nova contrarrevolução não assumirá a forma das contrarrevoluções do passado: não se trata de uma revolução de classe contra classe, mas de uma contrarrevolução ao longo de um novo eixo entre o cidadão e o regime ideológico. (RUFO, 2024)

É necessário reavivar nossos valores e sentimentos, reafirmando a verdade. A visão de sociedade marxista é superficial e artificial. No entanto, não a estamos observando de forma correta. Enquanto os revolucionários se baseiam na negação da realidade, precisamos reafirmá-la, ainda que isso pareça óbvio. O óbvio deve ser declarado, e a verdade precisa vir à tona como uma força positiva e poderosa.

Essa restauração passa pelo resgate da realidade tal como ela é, e não como a esquerda a descreve. A linguagem precisa ser preservada para retratar a realidade. Contra os neologismos esquerdistas devemos usar as palavras corretas, que carregam muito mais que significados semânticos, mas o valor próprio da realidade.

Os nossos valores mais elevados, próprios do homem comum, e que são os mais simples e naturais, precisam ser enaltecidos: família, fé, trabalho, comunidade, tradições, país.

Devemos aproveitar cada brecha do sistema hegemônico atual para reconquistar cada palmo de terreno. É uma guerra de trincheiras e cada metro conquistado conta. Não se trata apenas de ocupar espaços, mas de devolvê-los à sociedade e ao cidadão comum. Chesterton dizia que não havia nada mais extraordinário do que um homem comum, com sua mulher comum e seus filhos comuns, levando uma vida comum. Contudo, nos esquecemos disso. É necessário resgatar essa ideia.

> Sob a revolução cultural, o cidadão comum foi humilhado, pressionado e degradado. Seus símbolos foram contestados e sepultados nas profundezas. Contudo, ele ainda conserva o poder de seus próprios instintos, que o orientam em direção à justiça, e o poder de sua própria memória, que possibilita a recuperação dos símbolos e dos princípios que contêm seu próprio destino. (RUFO, 2024)

A esquerda revolucionária ainda controla os meios. A boa notícia é que ela já não controla as mentes. Esse despertar ocorreu por vários motivos. Não é uma nova classe de homens que está surgindo, mas o homem comum. É o homem comum, ancestral e histórico, que está recuperando a consciência. E ele traz consigo a força da humanidade e a bênção divina, que nos guia e protege. E essa força é imparável.

LIBERDADE NA GESTÃO PÚBLICA

ONYX LORENZONI

ONYX LORENZONI foi deputado por sete mandatos consecutivos (2 estadual, 5 federal); foi um dos coordenadores da vitoriosa campanha de Jair Bolsonaro à presidência em 2018; chefiou o Gabinete de Transição para a montagem do governo; foi ministro das pastas da Casa Civil, Ministério da Cidadania, Secretaria-Geral da Presidência da República e Ministério do Trabalho e Previdência. É pai de sete filhos e autor de diversos livros. Há décadas luta por liberdade no Brasil.

A liberdade é um princípio e um valor que recebi desde a minha juventude. Sou filho de um homem de segunda geração de italianos no Brasil, neto de Giulio Lorenzoni, que em 1877 saiu da Itália e veio para o outro lado do mundo numa grande aventura em busca fundamentalmente de liberdade, para poder construir sua vida, ter sua propriedade e oferecer dias melhores para sua família.

Esses descendentes italianos no Brasil, hoje somos mais de 30 milhões, assim como os mais de cinco milhões de descendentes de alemães, ajudaram a formar o país de hoje, compreendendo o valor e a importância da liberdade para empreender e produzir. Se hoje, de cada cinco pratos de comida que o mundo consome, um é produzido no Brasil, devemos isso fundamentalmente ao empreendedorismo aliado à liberdade que os imigrantes alemães e italianos trouxeram para o Brasil no século XIX.

Hoje, observamos a aplicação prática desse princípio. Se temos uma economia diversa e pujante, devemos isso a esses desbravadores e pioneiros que ajudaram a lançar as bases do Brasil que conhecemos hoje.

Se isso é importante no cotidiano das pessoas, quanto mais na área pública! Nossa herança no setor público é de origem ibérica e, portanto, burocrática. Desde o descobrimento até a chegada dos imigrantes, a liberdade era um conceito bastante difuso e de pouca valia para a gestão pública brasileira. Quando a coroa portuguesa chegou ao Brasil, ela trouxe estruturas que eram pouco permeáveis à liberdade individual.

Eles trouxeram a armada, o exército, o governo, estruturas nas quais o indivíduo vale muito pouco. E assim se estrutura toda essa tradição burocrática no Brasil. Uma experiência que vivo hoje em Portugal, estudando gestão em um curso de pós-graduação, me faz ver com clareza que somos uma nação que deriva de Portugal, herdeira de muito de nossa cultura, língua e também de uma burocracia gigantesca. Foi a aplicação dos princípios da liberdade para empreender, da liberdade individual, da liberdade de expressão, do respeito à liberdade das pessoas, como conceito amplo, aliados à aplicação da verdade e ao princípio de servir, que nos permitiu, como sociedade, viver uma experiência extraordinária no Governo Federal Brasileiro entre 2019 e 2022.

No governo que ajudei a organizar e ao qual servi, sob a liderança do presidente Jair Bolsonaro, aplicamos na administração pública esse conceito de forma abrangente, conforme expresso em nosso plano de governo, O Caminho Para A Prosperidade, que se baseava em três pilares: constitucional, eficiente e fraterno. Seu conceito fundamental era a visão liberal de garantir a mais ampla liberdade para todos, dentro de uma sociedade livre, permitindo aos agentes econômicos trabalhar para oferecer às pessoas um caminho livre para prosperar ao máximo possível.

Essa experiência que nós vivenciamos permitiu, pela primeira vez na história brasileira, um recuo da burocracia estatal, um recuo do peso do Estado sobre os ombros das pessoas através da redução da carga tributária que nós fizemos. Nossa chegada ao poder e a visão que tínhamos de ser disruptivos com tudo aquilo que tinha sido feito nos últimos 40 anos, era para poder libertar o trabalhador e o empreendedor brasileiro e permitir que o Brasil pudesse crescer de maneira exponencial.

Isso nos levou a reduzir níveis hierárquicos, cortar cargos em comissão, diminuir o tamanho do Estado, fazer aquilo que José Maria Aznar disse num Fórum da Liberdade, no Rio Grande do Sul: o sucesso da Espanha, durante o seu governo, se deu porque o governo espanhol deu passos para trás, permitindo que os espanhóis dessem passos à frente. Essa visão liberal foi exatamente o que aplicamos nos anos do governo do presidente Bolsonaro.

Os resultados do trabalho refletiram na melhoria do ambiente de negócios. Por exemplo, a Lei de Liberdade Econômica que aprovamos em 2019 permitiu que o Brasil desse imediatamente um salto, derrotando as previsões pessimistas dos famosos "especialistas" da imprensa.

Nunca se abriram tantos negócios em todo o Brasil. O exemplo se espalhou. O autor deste livro, para orgulho do pai, é o responsável pela criação da lei no estado do Rio Grande do Sul. A reforma da previdência, que nenhum governo anterior ao nosso conseguiu aprovar, deu um fôlego nas contas públicas e hoje, em 2024, ninguém mais fala sobre o assunto.

Os sinais que enviamos ao mundo se transformaram em credibilidade e confiança. Em 2019, coordenei o Programa de Parcerias e Investimentos do Governo Bolsonaro. Nesse ano captamos quase meio trilhão de reais em investimentos. Não só isso, ampliamos o escopo das áreas que poderiam estabelecer parcerias, de 9 para 22, incluindo estradas, iluminação pública, postos de saúde e escolas de educação infantil, de penitenciárias a canais de irrigação.

Para deixar ainda mais clara a importância de governar com os conceitos, princípios e valores que tratamos neste livro, basta lembrar que enfrentamos uma pandemia durante mais da metade do mandato de Jair Bolsonaro, auxiliamos a todos que precisavam — pessoas, estados e municípios, batemos recordes de geração de empregos — mais de 4 milhões no período, recordes de investimentos privados, e entregamos obras que se arrastavam por décadas, como a transposição do São Francisco, pensada por Dom Pedro II, na década de 1840!

Um dado ainda mais significativo: fizemos tudo isso e, ao final do governo Bolsonaro, as contas estavam positivas em R$ 54 bilhões, algo que não ocorria há bastante tempo.

A interferência do Estado e o controle sobre tudo e sobre todos são alguns dos erros mais nefastos cometidos contra as pessoas. Este livro, no qual muitos estão contribuindo, é um grito de alerta na defesa da liberdade, esse princípio essencial.

Devemos olhar para a administração pública como talvez um dos espaços onde esta palavra pode fazer realmente milagres: de transformação de vidas, de geração de oportunidades, de resgatar milhões de pessoas da miséria, trazê-las para o convívio da sociedade, trazê-las para a sua independência, ou a busca da sua melhor condição econômica.

Recordo de 2020, quando tivemos a responsabilidade de organizar o Auxílio Emergencial, e a inovação foi o grande diferencial. Optamos por entregar os recursos por meio de um aplicativo para celular. Fomos os únicos a adotar esse modelo no mundo. Essa decisão proporcionou agilidade e eficiência, com uma assertividade de 99,4%. Após dois ou três meses da implementação do auxílio na vida das pessoas — 68 milhões de famílias foram atendidas naquela época —, uma equipe nossa recolheu depoimentos, e, para além da sobrevivência e da melhoria da condição de vida proporcionada por aquele auxílio de R$ 600 ou R$ 1.200, um número expressivo de pessoas utilizou uma parte desse recurso para empreender. Ou seja, para buscar novas formas de melhorar a sua renda. Para comprar talvez um equipamento, como uma batedeira, ou um maquinário agrícola, ou plástico para a sua hortifruticultura, algo do tipo, qualquer que fosse a necessidade, mas as pessoas tinham a vontade de crescer. Prosperar. Foi o que constatamos observando de perto a situação. Designei o jornalista Gustavo Lopes para documentar.

O trabalho pode ser visto no YouTube, o documentário Emergencial está disponível e vale assistir. As palavras do Gustavo ilustram bem o cenário que encontramos:

> "Pegamos um carro e percorremos, durante 10 dias, o Sertão do Cariri, nos estados da Paraíba e Pernambuco. Se, por um lado, víamos muitas dificuldades materiais, por outro, a sabedoria do povo, com seu caráter, seus valores, seus princípios e sua cultura, nos dava a certeza da grande riqueza do Brasil: sua gente.
>
> Ouvimos histórias fascinantes de como aquele valor — que, em muitos casos, equivalia a quase 10 vezes o tíquete médio do Bolsa Família — havia mudado a vida de milhões de pessoas. Em Cabaceiras, conhecemos uma senhora que utilizou os recursos do Auxílio para comprar um boi e auxiliar a arar o pequeno pedaço de terra que tinha, o que sem o animal seria impossível fazer. Ela não só garantiu alimento à mesa de sua família, como passou a vender o excedente. Ou a jovem, no município de Queimadas, quase formada em Farmácia, que, durante a pandemia, descobriu-se uma doceira de mão cheia: com o dinheiro do Auxílio, comprou os equipamentos necessários e começou a fazer bolos para vender.

O sucesso foi tamanho que ela já estava em dúvida se seguiria a carreira de farmacêutica ou continuava alegrando as famílias com seus lindos bolos de festa. Foram dezenas de histórias que ouvimos. Em todas elas, o sentimento comum era de superação e emancipação. Enquanto os programas de governos anteriores aprisionavam as pessoas, o Auxílio Emergencial (e, posteriormente, o Auxílio Brasil) tinha o condão de libertá-las.

A liberdade, associada à desregulamentação, à desburocratização e à simplificação, é uma ação que transforma vidas. Essa é a missão do gestor público: promover a liberdade e impulsionar transformações que melhorem a vida de milhões de pessoas, não só no Brasil, mas em todo o mundo. É fundamental refletir neste momento da vida brasileira, em que os avanços que promoveram tantas transformações são diariamente atacados pelo governo atual, que claramente não tem na liberdade um farol, muito pelo contrário. Seus conceitos de políticas públicas e suas ações visam tornar o indivíduo cada vez mais dependente, pois, como todo governo socialista, suga o fruto do trabalho das pessoas para financiar um projeto de poder.

Onde a liberdade está distante da prosperidade, o cidadão torna-se apenas uma peça na engrenagem que sustenta o peso e a ineficiência do Estado. Adam Smith, Friedrich Hayek, Milton Friedman, Ludwig von Mises e meu bisavô Giulio, embora tenham vivido em épocas diferentes, compartilhavam algo em comum: o apreço pela liberdade como caminho para alcançar a prosperidade e sua principal filha, a felicidade.

Esse princípio deveria ser fundamental para qualquer gestor público, pois é a chave para uma sociedade verdadeiramente livre e próspera.

A GUERRA CULTURAL NO FRONT DA CIÊNCIA ECONÔMICA

PAULO KOGOS

PAULO KOGOS é economista, filósofo e ativista libertário. Atualmente atua como professor, analista político e assessor parlamentar. É autor do livro *O Mínimo sobre Anarcocapitalismo* e dono do canal Ocidente em Fúria.

A guerra cultural é, de fato, uma guerra. Como em qualquer conflito, destruir os suprimentos e a ordem material na retaguarda do inimigo é uma prioridade estratégica crucial. O grande estrategista militar Sun Tzu afirmou que a logística é a linha que separa a ordem da desordem. Quando se trata de esgarçar o tecido social e jogar conterrâneo contra conterrâneo na disputa por recursos escassos, poucas estratégias podem surtir mais efeito que minar o entendimento econômico da população. Isso não só reduz a prosperidade e os recursos disponíveis, mas também faz com que as pessoas se culpem mutuamente em vez de responsabilizarem o Estado. Vencer as batalhas culturais no front da ciência econômica é condição *sine qua non* para a vencer a guerra cultural total.

Infelizmente, a direita comete uma autossabotagem neste campo. Alguns de seus militantes mais aguerridos sinalizam virtude ao afirmar que a economia é de menos importância, como se estivessem combatendo a cosmovisão materialista de alguns dos nossos mais odiosos inimigos, como o socialismo, o liberalismo e até o fascismo, que, apesar de se apresentar como uma posição antimaterialista, despreza a alma do indivíduo e idolatra o Estado.

A primeira objeção a ser feita contra este ascetismo político da atual direita é que os bens materiais importam. Aristóteles, filósofo de Estagira, os considera imprescindíveis para a plenitude da vida ética na sociedade política. No Evangelho de São Mateus, Nosso Senhor Jesus Cristo ressalta a importância soteriológica (relativa à salvação) da preocupação com o bem-estar material do próximo: "porque tive fome e me destes de comer; tive sede e me destes de beber". Negar a importância do corpo e dos bens materiais é prerrogativa de uma espiritualidade gnóstica, cujos defensores enveredaram por um igualitarismo análogo ao preconizado pelos socialistas.

A segunda objeção é que as ideologias materialistas não constituem o cerne do problema na guerra cultural, pois esta faz parte de um conflito mais abrangente e profundo, que é a guerra espiritual. As três ideologias materialistas mencionadas (socialismo, liberalismo e fascismo) são crias da Revolução Francesa, que foi principalmente uma revolta espiritual contra o poder sapiencial da Igreja Católica. É preciso ordenar a dimensão material à espiritual, em vez de desprezá-la. O filósofo brasileiro Olavo de Carvalho afirmou que a vitória cultural exige a superioridade intelectual em todos os campos. Não podemos ceder ao inimigo o monopólio intelectual da ciência econômica, nem menosprezar sua importância civilizacional e psicológica. Em uma sociedade contaminada pelo materialismo, mais do que nunca a direita precisará de uma solução para os problema dos recursos escassos que apenas a ciência econômica pode prover.

Existem muitos conceitos errôneos sobre esta ciência, profundamente arraigados no senso comum, que precisam ser desfeitos antes de abordar suas aplicações mais específicas.

A GUERRA CULTURAL NO FRONT DA CIÊNCIA ECONÔMICA

O primeiro conceito errôneo é considerá-la uma ciência exata. Esse conceito é uma herança da cosmovisão positivista, formulada por Augusto Comte, pensador francês do século XIX, influenciado pelo culto à razão dos revolucionários franceses e pelo economista socialista Conde de Saint-Simon. Comte, discípulo de Saint-Simon, propôs uma teologia que reduzia a religião a um princípio utilitário, visando à organização de uma sociedade utópica para otimizar objetivos materiais. Comte, seu discípulo, desenvolveu a doutrina do positivismo, segundo a qual a humanidade passaria por três estágios de amadurecimento intelectual: o dos mitos teológicos, o da metafísica e o estágio positivo. Na primeira etapa, segundo ele, os homens explicavam o mundo pelos deuses; na segunda, pela investigação filosófica; e, na terceira, conseguiriam reduzir todos os fenômenos a modelos científicos exatos. A conclusão dos positivistas era que civilização poderia ser otimizada por engenheiros sociais, capazes de quantificar as relações e afetos humanos, o que atende bem serve aos intentos totalitários dos governantes inescrupulosos e sedentos de poder. O racionalismo nas ciências sociais é patente na expressão "matemática social" empregada pelo Marquês de Condorcet, filósofo do século XVIII refutado por seu colega Destutt de Tracy. Este, por sua vez, afirma corretamente que o homem é um ser sensitivo e que qualquer ciência que pretenda estudá-lo deve, antes, observá-lo.

Paralelamente às discussões em epistemologia das ciências sociais, a história do pensamento econômico tomou novos rumos ao final do tenebroso "Século das Luzes". O matemático Daniel Bernoulli propôs que fosse possível medir o quanto um acréscimo na riqueza de um indivíduo aumentaria sua satisfação (utilidade, no jargão econômico) em função de sua riqueza prévia. Ora, os valores que as pessoas atribuem aos bens são subjetivos e, por isso, não podem ser quantificados ou comparados intersubjetivamente. Imagine que um homem com apenas 10 mil reais de patrimônio ganhe mais 10 mil reais, mas esteja desmotivado, sozinho e sem ambição. Pode ser que ele atribua menos valor a esse acréscimo que um homem com 100 mil reais de patrimônio e uma excelente ideia de como investir um superávit de 10 mil reais.

Infelizmente, a falácia de Bernoulli influenciou o economista britânico do século XIX William Jevons, que inaugurou a economia matemática. No prefácio à segunda edição de sua magnus opus *A Teoria da Economia Política* (1871), o autor diz delinear uma "mecânica do interesse individual e da utilidade". Esta, para Jevons, é a capacidade de um bem ou serviço prover prazer ou mitigar sofrimento mediante sua posse. É também um parâmetro que ele pretende maximizar. Sua ética deriva do abominável utilitarismo do filósofo Jeremy Bentham, que chegou a propor a expulsão dos mendigos da cidade para otimizar a utilidade social de quem sentia desprazer ao ver um indigente.

A introdução da metodologia matemática originou a chamada Revolução Marginalista, consolidada no início do século XX, e cuja teoria do valor econômico fundamenta-se no aumento discreto de satisfação proporcionado por um bem adicional, a chamada utilidade marginal. Seus fundadores são chamados genericamente de neoclássicos, mas se dividem em diversas escolas. Os keynesianos, por exemplo, seguidores do social-democrata John Keynes, ignoram que as várias espécies de bens de capital dependem de uma alocação adequada para serem produtivos. Ou seja, consideram que o capital é homogêneo. Com base nesta falácia, criam agregados macroeconômicos descolados da realidade e concluem pela necessidade do Estado gastar dinheiro e injetar liquidez nos mercados para aumentar a demanda agregada e fazer a economia crescer. Já os econometricistas aplicam um misto de análise técnica e estatística aos fatores humanos, como se não houvesse livre-arbítrio.

A pretensão dos economistas matemáticos é, nada menos, buscar uma equação da máxima felicidade geral, algo que, em economia política, resulta em uma tecnocracia na qual indivíduos são variáveis de valor moral relativo. O economista Murray Rothbard disse que tal abordagem reduz as leis econômicas a uma série de fórmulas arbitrárias e desconexas entre si, que pervertem seus princípios e corrompem suas conclusões.

Esse paradigma levou a ciência econômica a uma crise kuhniana. Para o filósofo da ciência Thomas Kuhn, um campo do conhecimento geralmente passa por um ciclo de vários estágios. No primeiro, um novo paradigma é proposto e consolidado. No segundo, é adotado e desenvolvido. No terceiro, ele mostra-se incapaz de explicar a totalidade dos aspectos abarcados pelo escopo da ciência em questão, sendo então questionado. Nos estágios posteriores, ocorre o que o pensador chama de revolução científica, quando novos paradigmas são propostos.

As escolas e ferramentas econômicas derivadas dos paradigmas matemáticos, passaram todo o século XX inteiro errando suas próprias previsões. Pouco antes da crise financeira de 1929, o economista matemático Irving Fisher escreveu que "as ações atingiram o que parecia ser um patamar estável e permanentemente alto". Fisher representava uma síntese das teorias de equilíbrios gerais típicas dos neoclássicos com a defesa aos gastos estatais, tão caros aos keynesianos. Apesar do erro crasso, foi qualificado como "o melhor economista já produzido pelos EUA" por Milton Friedman, expoente da Escola de Chicago, amplamente respeitado na direita pelas suas críticas ao Estado inchado. Esta vertente é uma forma mitigada de keynesianismo, pois defende, no campo da política monetária, que a inflação seria remédio contra a estagnação, sendo que apenas a poupança real pode rearranjar a economia. Após a Crise de 1929, Friedman criticou seu deflagrador, o Federal Reserve (banco central dos EUA), por não imprimir papel-moeda suficiente. A bolha financeira que causou o problema, contudo, se formou devido à expansão monetária sem lastro. Criar mais dinheiro do nada apenas agravaria o problema. Infelizmente, essa foi a política adotada pelo governo esquerdista de F.D. Roosevelt e o resultado foi a Grande Depressão, um período de miséria que só acabou em 1945, quando os gastos militares com a Segunda Guerra Mundial foram cortados.

A única previsão que Keynes acertou foi a de que todos seriam keynesianos. Ele era famoso pelo seu desprezo tanto pelo futuro de longo prazo, no qual dizia que todos estaríamos mortos, quanto pelas tradições legadas pelo passado. Dizia que a dificuldade não estava em elaborar novas ideias, mas em se livrar das velhas. O que a sua doutrina prega em relação às ideias reflete-se nas coisas, pois destrói o capital acumulado pelos nossos antepassados e endivida as gerações futuras. Seu sucesso perante os acadêmicos e políticos reside no fato de que suas falácias serviam para justificar governos pródigos que transformam dinheiro em uma forma de dívida, cujo colateral é o trabalho do povo. O pensador contemporâneo Wagner Clemente Soto escreve que apenas os mortos e os não nascidos deveriam ter direito ao voto, denotando assim um compromisso com a eternidade. A economia da otimização matemática faz exatamente o contrário: é o hedonismo inconsequente transformado em política pública.

A GUERRA CULTURAL NO FRONT DA CIÊNCIA ECONÔMICA

O segundo conceito errado deriva da crise metodológica que acompanha a revolução científica mencionada anteriormente. Trata-se de uma má leitura da história do pensamento econômico, derivada do desprezo pelos métodos não matemáticos em economia, a ponto de sequer considerar os teóricos pregressos como economistas. Muitas pessoas atribuem ao pensador escocês do século XVIII, Adam Smith, a sistematização da ciência econômica e a apologia científica ao livre mercado. Poucas noções estão mais distantes da verdade.

Os antigos gregos foram os primeiros economistas, e o poeta Hesíodo, do século VIII a.C., o pioneiro em tratar cientificamente o problema da escassez. O pensador observa que a solução envolve a eficiente alocação do capital e do tempo mediante a competição de livre mercado, sob a égide de leis que proíbam a obtenção de vantagens por meios indignos, como o furto, a extorsão e a fraude. Tanto Xenofonte quanto Aristóteles, cerca de quatro séculos mais tarde, empregaram o termo "Economia" (dos radicais gregos "oiko" e "nomos", que significam respectivamente, casa e regra) para nomear suas respectivas obras sobre administração doméstica. Ambas delineiam a necessidade de um fundamento político virtuoso subjacente ao arranjo econômico. O primeiro defende que as instituições promovam o amor à honra (filotimia) e à vitória (filonikia). O segundo conclui que a propriedade privada é o arranjo institucional que melhor cumpre esse propósito, pois recompensa os cumpridores de contrato e incentiva a industriosidade.

A tradição clássica reverbera nos códigos do Direito Romano, como o de Teodósio (438 d.C.) e Justiniano I (534 d.C.), que preconizavam, ainda que de forma imperfeita, o direito natural à propriedade e à liberdade comercial. Nesta transição entre a

Antiguidade e a Idade Média, destacam-se os padres da Igreja na defesa moral do livre mercado. São Clemente de Alexandria (século II d.C.) escreve que bens materiais são assim chamados por seu potencial benéfico, enquanto Santo Agostinho (século IV d.C.) demonstra a contribuição social dos mercadores.

A Idade de Ouro do pensamento econômico ocorreria alguns séculos mais tarde, quando a tradição escolástica medieval desenvolveu um sistema de pensamento que concatena a Fé e a razão, gerando uma coerente estrutura científica sob a égide da Teologia. Santo Tomás de Aquino, no século XIII, estabelece as bases da teoria subjetiva do valor econômico e da teoria monetária, constatando as funções do dinheiro forte e o fato de que seu valor não é um decreto, mas flutua no mercado como o de qualquer outro bem. São Bernardino de Siena, no século XV, desenvolveu o conceito de oferta e demanda incorporando uma análise dos custos. Fundou ainda a ciência do comércio exterior e escreveu uma apologia ao lucro do empreendedor, tendo em vista seu engenho, responsabilidade, trabalho e risco assumido. Entre os séculos XVI e XVII, quando a Escolástica entra em seu período tardio, os pensadores católicos da Escola de Salamanca aprofundaram e sofisticaram a ciência econômica a um ritmo jamais visto, estabelecendo a primeira grande tradição neste campo, à qual pertence este que vos escreve. Economistas como Martín de Azpilcueta, Diego de Covarrubias e Luis de Molina discorreram sobre os males da inflação e da interferência estatal, além de incorporar o fator tempo na análise econômica para alicerçar uma teoria do capital que leve em conta os prazos de produção.

Há ainda uma outra linhagem pró-mercado além da Escola de Salamanca, que se inicia com os fisiocratas franceses do século XVIII. O termo fisiocracia significa "governo da natureza" e é inspirado nas ideias taoistas e confucionistas que floresceram na China antiga. Para muitos pensadores orientais, o Universo tinha um movimento natural chamado Tao, e cabia ao homem harmonizar-se com ele para atingir a capacidade de uma ação eficiente e sem esforço chamada Wu Wei. O filósofo Kong Fuzi (Confúcio) aplica o conceito à forma ideal de governo, no qual o regente, em consonância com uma moralidade convencional, nada tinha que fazer. Os fisiocratas franceses aplicaram a ideia à economia política, chamando-a "laissez-faire" (deixe acontecer), e aprofundaram a ciência econômica desenvolvendo conceitos como os desequilíbrios na estrutura de capital causados pela expansão da oferta monetária, além de destruir intelectualmente os seus rivais mercantilistas, que defendiam tarifas protecionistas em detrimento do livre comércio e da salutar concorrência industrial entre as nações.

Infelizmente, por surgirem no bojo do iluminismo, os fisiocratas adotaram como método o divórcio da ciência econômica em relação à teologia moral e à filosofia política, o que os levou a defender uma sociedade hierarquizada pelo controle do capital e não pelas virtudes. No topo desta pirâmide social estariam os proprietários de terra, que pagariam um imposto único para manter as atividades do Estado. A fisiocracia entendia que apenas a atividade agrícola era realmente capaz de produzir excedente econômico e que todos os outros setores eram apenas trocas de soma zero. Por isso, consideravam que esta oligarquia agrícola era a única classe que auferia lucros reais.

Ironicamente, apesar da fisiocracia preconizar o livre mercado, sua teoria de valor baseada na quantidade de trabalho sobre a terra (em vez de valor subjetivo) e sua teoria do lucro baseada apenas no arrendamento da terra (em vez da função empreendedora) resultou nos fundamentos do marxismo, cujo precursor direto é Adam Smith. O pensador iluminista foi responsável por uma bizarra síntese entre o contratualismo social e o que havia de pior na fisiocracia, assumindo que as instituições do comércio e da propriedade privada só poderiam vingar se sancionadas por um Estado, já que, "para ele", a moralidade não era objetiva e natural, mas uma questão de sentimento e empatia. Smith e seus discípulos aplicaram a teoria fisiocrata do excedente a todos os produtos, desenvolvendo uma teoria segundo a qual o valor dos bens seria uma função do tempo de trabalho despendido na sua produção. Esta bizarrice é tudo o que os marxistas precisavam para dizer que tudo pertence à classe operária, e que o lucro do patrão não passa de uma forma de roubo do excedente, que os comunistas chamam de mais-valia.

Paralelamente às metodologias matemáticas e ao liberalismo-marxismo, surge no século XIX a Escola Austríaca de Economia, cujo método é a chamada praxeologia, ou estudo lógico da ação humana. Para os austríacos, as verdades econômicas são proposições apodíticas, ou seja, necessárias, que não poderiam ser de outra forma. Um exemplo é a frase: "a ação propositada visa atingir um estado preferível." Dirão os adeptos desta escola que, se o contrário fosse verdadeiro, a ação não ocorreria ou não seria propositada; e ainda, que para constatar este fato, nenhuma observação empírica é necessária, pois a vinculação de conceitos se dá segundo critérios universais a partir de verdades autoevidentes.

Infelizmente, a praxeologia da Escola Austríaca foi influenciada pelo idealismo kantiano, uma posição em filosofia do conhecimento que ignora que nossos juízos não podem se dar corretamente sem a adequação do intelecto aos conceitos julgados. Por isso, os economistas desta tradição cometem erros grosseiros, como afirmar que, se um indivíduo honesto A ganhou mais dinheiro que um indivíduo honesto B, então A gerou mais valor à sociedade que B. Ora, é possível que uma cantora lírica, capaz de tocar nossas almas, como Anna Caterina Antonacci, ganhe menos que uma cantora pop que depõe contra o gosto musical humano, embora nenhuma delas seja ladra ou fraudadora. Ao ignorar a apreensão de conceitos mediante a observação, os austríacos negligenciam o valor moral objetivo das coisas, aos quais Santo Agostinho recomenda que o valor econômico subjetivo se adeque.

Entretanto, ainda que influenciada pelo iluminismo, a Escola Austríaca é disparadamente a mais precisa das tradições contemporâneas, com impressionante capacidade de previsão dos mercados e enormes contribuições para a economia financeira e monetária. Seus adeptos previram com prodigiosa precisão as grandes crises da História recente por entenderem qual sua causa: as intervenções estatais no mercado monetário e bancário. Recomendaram ainda as medidas corretas para a recuperação das economias: o corte de arrecadação, gastos e regulações estatais. É por isso que essa tradição econômica é preterida e ignorada na academia e na mídia, que preferem apregoar as falácias que corroboram a narrativa demagógica dos governos que as patrocinam.

Esta breve exposição de História do Pensamento Econômico é fundamental na guerra cultural, pois nos permite combater a historiografia Whig. Após a Guerra Civil Inglesa (1642 — 1651), o rei Charles I foi executado, uma república foi instaurada até 1660, e a restauração da monarquia sob Carlos II só foi possível porque este aceitou conceder poderes e privilégios ao

Parlamento. Seu sucessor, por direito, o católico Jaime II, enfrentou pesada oposição de um grupo político chamado Whig, que defendia a heresia liberal e se opunha à Coroa e à Roma. Eles são os precursores da atual esquerda britânica. Para defender sua ideologia e combater os Tories, seus rivais tradicionalistas, os whiggistas desenvolveram uma doutrina historiográfica muito semelhante ao revisionismo marxista e às ideias hegelianas de evolução histórica incremental. Alegavam que as teorias antigas e tradicionais deveriam ser descartadas, que a Idade Média era obscura e que a democracia liberal representava um futuro promissor. Somos vítimas dessa propaganda até hoje e, como pudemos constatar, até a direita é por ela influenciada, especialmente no campo da História Econômica.

 O terceiro conceito falso é que as leis que governam a economia das nações são distintas daquelas que regem a administração doméstica. Para evitar tal engano, é preciso restaurar a epistemologia tradicional da ciência econômica, cujas raízes estão na praxeologia aristotélica. O pensador estagirita dividiu os saberes humanos em três grandes áreas. A primeira é a das ciências teóricas, cujo objetivo é a contemplação intelectual em si e inclui, por exemplo, a metafísica. A terceira é a das ciências poéticas, cujo objetivo é a produção de algo, e inclui as belas artes e as artes técnicas como as engenharias e as ciências militares. A segunda área, a das ciências práticas (ou praxeológicas), é a que nos concerne agora, pois inclui a ciência econômica. A finalidade dos saberes nesta categoria é o aperfeiçoamento da ação humana em si segundo o critério da vida virtuosa. Aristóteles lança os alicerces da praxeologia ao constatar, pela observação, razão e intuição, a condição do homem como ente que age deliberadamente para atingir seu fim na última área, a felicidade. Sendo animais, os seres humanos são dependentes dos recursos materiais escassos; e sendo racionais, ele é capaz de deliberar os meios adequados para atingir fins intermediários, que tendem a ser ordenados ao fim supremo.

O filósofo divide as praxeologias em três ramos. O primeiro é a ética das virtudes, que diz respeito ao exercício individual de hábitos da alma ordenados para a vida feliz. O terceiro é a política, que trata da comunhão das alteridades, ou seja, de uma comunidade de parcerias naturais que compõe a pólis (cidade). Esta tem como finalidade o bem comum, ou seja, a promoção da vida virtuosa de seus componentes através do próprio exercício de uma vida cidadã. Na dimensão intermediária, temos o segundo ramo das praxeologias, que é a economia. Aristóteles explica que a base para formação da pólis e dos corpos intermediários é o lar da família, ou seja, a casa (do grego oikos). A oikonomia lida, portanto, com a alocação ordenada dos recursos escassos, incluindo o tempo, para a boa condução da vida familiar.

Na ética das virtudes, embora ela dependa de meios-termos entre vícios, não há limitação quanto ao quão virtuosos e felizes podemos ser. Consequentemente, não há limites para o quão justos e promotores do bem comum podemos ser na política. Já a ética econômica depende de uma medida prudente de todas as coisas, inclusive da própria riqueza material. O estagirita diferencia a economia, ciência do uso prudentemente ordenado dos recursos, da crematística, que são técnicas de aquisição de recursos. Saber investir, empreender, desempenhar um trabalho lucrativo ou ter boas habilidades de vendas são técnicas crematísticas e não sabedoria econômica praxeológica. Aristóteles preconiza que o homem acumule bens materiais num nível abundante o suficiente para viver, mas comedido o suficiente para bem viver. Ele não está defendendo, de forma alguma, políticas socialistas de redistribuição, mas sim concatenando a ciência econômica com a ética das virtudes e com a política. Afinal, um homem que queira maximizar sua capacidade crematística negligencia outras técnicas, virtudes e dimensões necessárias a uma vida feliz e voltada para o bem comum da comunidade política. Trata-se de uma rejeição ao materialismo e não de um apego tão grande aos bens materiais que leve o indivíduo a defender o confisco estatal para obtê-los.

Embora o filósofo diferencie as técnicas crematísticas adequadas ao indivíduo, à família e ao Estado, ele deixou claro que as leis que regem a ação humana são universais. Entretanto, enumerou o que considerou serem suas sete causas: acaso (causas que não sabemos explicar), natureza, compulsão, hábito, raciocínio, raiva e apetite (desejo). Podemos notar que há muitos fatores alheios a razão que levam o homem a agir deliberadamente. Afinal podemos ter nossa livre-agência coagida pela emoção ou pelo hábito sem abdicar do livre-arbítrio e da responsabilidade. A própria razão opera após entendimentos e juízos executados subjetivamente. É impossível, portanto, ser economicamente sábio sem somar as conclusões das ciências empíricas, como a geografia e a psicologia, às leis gerais intuídas da ação humana. Estas, por outro lado, não dependem de contexto geográfico ou psicossocial, pois, como observa o filósofo Cícero, na Roma Antiga, há uma verdadeira lei, reta razão, agradável à nossa natureza, íntima dos homens, constante e eterna.

O político romano prossegue afirmando que esta lei universal é instituída por Deus e que não a seguir implica infligir penalidades a si mesmo. De fato, quando uma sociedade despreza as leis econômicas, ela destrói as próprias riquezas numa proporção frequentemente superior àquela perpetrada por um inimigo militar externo, mas sem o civismo suscitado pela necessidade de se defender. Ao contrário, compromete igualmente a vida virtuosa e o bem comum.

Para compreender melhor a economia, devemos identificar suas causas finais (os objetivos que justificam sua existência), que são a produção, a troca, a distribuição e usufruto dos recursos escassos. Elas estão relacionadas às quatro atividades humanas que Nosso Senhor Jesus Cristo descreve, em São Lucas XVII, como sendo perenes: plantar e construir (produção), comprar e vender (troca), casar e dar-se em casamento (distribuição), comer, beber e festejar (utilização).

Comecemos pela análise da produção. Ela é o cerne da saúde econômica, pois é impossível trocar, distribuir ou usufruir daquilo que não existe ou não está disponível. Os economistas modernos costumam propor políticas para aquecer a demanda e incentivar o consumo mediante a impressão de moeda e a injeção de liquidez. O público aplaude a facilidade de obtenção de crédito e os juros artificialmente baixos, como se, por um toque de mágica, o governo pudesse viabilizar investimentos ou materializar capital poupado. O que de fato ocorre é um consumo irresponsável, baseado em uma avaliação errônea de quanto capital realmente está disponível, erro esse induzido pela distorção dos preços causada pela política monetária.

A taxa de juros é o preço do tempo, intimamente ligada à preferência temporal, ou seja, ao quanto as pessoas estão dispostas a abdicar do consumo imediato de um bem para obter benefícios maiores no futuro. Esta, por sua vez, é influenciada por fatores psicológicos e culturais, expectativas, percepção de risco e contexto político. Quanto mais baixa a preferência temporal, maior a tendência de um indivíduo em poupar ou investir em vez de consumir. Já a taxa de juros dependerá adicionalmente da quantidade de poupança existente na economia, pois sua abundância permite que as pessoas possam investir em projetos que demorem mais tempo para prover retorno financeiro. É por isso que, como propõe o economista francês Jean-Baptiste Say, uma sociedade diligente e industriosa deve produzir para consumir e poupar para poder investir.

A produção e o investimento, contudo, não são homogêneos. É necessário produzir e investir naquilo que será demandado tendo em vista a concatenação do tempo do ciclo produtivo com as necessidades de consumo, alocando corretamente o capital. Esta arte é a nobre função do empreendedor, cuja prudência para prever e a fortaleza para tomar riscos o tornam a verdadeira força motriz da economia (e não uma abstrata mão invisível como propôs Adam Smith).

Passando agora para as trocas. Elas permitem que um homem obtenha bens e serviços produzidos por pessoas mais competentes em produzi-los, podendo oferecer em troca aquilo que ele mesmo produz mais habilmente. Esse intercâmbio permite a especialização segundo a vocação de cada indivíduo, aumentando exponencialmente a eficiência produtiva de uma economia e resultando em uma divisão de trabalho que viabiliza atividades cada vez mais criativas. Por meio deste processo, denominado eficiência dinâmica das instituições, os limites da produção possível são expandidos.

O dinheiro surge a partir desse processo. Uma economia limitada ao escambo só permite trocas quando cada ofertante envolvido na transação demanda o produto do outro. Alguns bens, no entanto, devido às suas qualidades inerentes, como a escassez, divisibilidade, durabilidade, homogeneidade e portabilidade, servem como meio de intermediar as trocas. Esta é a definição de moeda. Ao valor não monetário de uma mercadoria usada como meio de troca soma-se uma expectativa crescente de que ela seja aceita como tal, conferindo-lhe qualidades de reserva de valor e liquidez suficiente para que seja difundida na economia, recebendo, assim, a qualificação de dinheiro. Essa invenção espontânea permite aos agentes econômicos aferir os preços relativos do bens de capital segundo uma unidade paramétrica, racionalizando decisões de investimento. Em outras palavras, o dinheiro forte é uma unidade de medida que transmite informações sobre custos de oportunidade e desempenho das empresas. Sem ele, seria impossível uma economia complexa.

O Estado, por outro lado, destrói o dinheiro a partir do momento em que o monopoliza. O curso forçado de uma moeda desobriga a instituição emissora de garantir seu valor, uma vez que os cidadãos são obrigados a aceitá-la. O resultado é que o governo passa a financiar seus gastos cada vez mais pródigos, emitindo títulos da dívida que são comprados por bancos comerciais e fundos de investimento. A liquidez desses ativos é garantida pelo Banco Central, que pode comprá-lo dos credores bancários, simplesmente concedendo-lhes o direito de emprestar mais dinheiro do que eles têm em reserva, uma prática chamada reserva fracionária. Isto significa que a moeda que nós usamos, chamada fiduciária, tem como contrapartida a dívida do governo nesta mesma moeda, que ele cria a partir do nada. O valor dela não cai a zero, pois sua aceitação futura é garantida pelo fato de que o governo também a exige para pagamento de impostos. Ou seja, ela é lastreada no trabalho semiescravo do pagador de imposto.

Esse dinheiro estatal, fraco, perverte as funções da distribuição e do consumo por motivos que serão abordados adiante.

Quanto à distribuição, devemos considerar que há uma escala de dignidade ontológica (referente ao ser, à natureza dos entes) no universo, que vai das coisas menos elevadas às mais elevadas. Este é o fundamento Santo Agostinho ao afirmar que, embora a atribuição de valor econômico seja subjetiva, há um valor objetivo a ser almejado. As coisas mais dignas devem ser mais valorizadas. O pensador afirma que a ação humana sempre tem como fim último uma pessoa amada, ainda que esta seja o próprio agente. De fato, como a operação de todas as coisas na natureza segue o Ser criador, o modo de operar da razão aspira, ainda que inadvertidamente, à comunhão com a plenitude do Ser, que é a pessoalidade divina. Como o homem é criado à imagem e semelhança de Deus, Santo Agostinho concluirá que o homem deve agir reconhecendo seu semelhante como um fim e não como um meio, rejeitando assim um individualismo liberal, mas buscando uma justiça na distribuição dos bens.

Ao contrário, porém, da distribuição socialista, que é viciosa, coercitiva, burocrática, egoísta e materialista; aquela defendida pelo teólogo é virtuosa, espontânea, orgânica, caritativa e transcendente. Quando amamos o próximo, doamos. Quando amamos a Deus e Sua justiça, fazemos questão de pagar, afinal nos diz São Paulo em Romanos IV, 4: "Ora, o salário não é gratificação, mas uma dívida ao trabalhador." Assim sendo, a distribuição dos bens em sociedade virtuosa dar-se-á conforme os critérios do comércio honesto e das doações, como aquelas que acontecem no âmbito do casamento e da família. O marido provedor doa os bens tangíveis à esposa e filhos, ela doa a ele os bens intangíveis como o toque feminino do lar, e um termina por doar-se ao outro. Sendo a boa sociedade política uma extensão da família, nela os homens doam-se ao serviço cívico, gerando o que o teólogo chama de Suprema Equidade.

O Estado moderno com seu dinheiro falsificado produz o efeito oposto. Quando o governo monopoliza bens e serviços de alto valor cívico, como a defesa militar, a prestação de serviços judiciários, a infraestrutura urbana e até mesmo a saúde e a educação, os cidadãos são condicionados a demandar apenas a satisfação de seus apetites mais baixos, e o fazem em detrimento da justiça, exigindo que o Estado roube da maioria para subvencionar seus próprios grupelhos minoritários. É por isso que Platão constatou que a democracia não tem freios, sempre acrescentando mais e mais grupos à sua folha de pagamento, até que a sociedade colapse moral e materialmente. A inflação, definida como a expansão da oferta monetária não lastreada, não apenas financia a demagogia estatal, mas também promove uma injusta distribuição dos bens, privilegiando os tomadores de crédito em detrimento dos poupadores.

Finalmente, abordemos a utilização, também chamada de utilidade. Trata-se do consumo de meios escassos para suprir necessidades direcionadas a um fim. Esta é a causa final das outras três causas finais estudadas anteriormente. Eventualmente, o homem sempre consumirá aquilo que foi produzido e poupado. A economia cresce quando o consumo ocorre num ritmo mais lento que a formação de poupança. O mais emblemático bem que consumimos é o tempo finito que nos é dado, que escoa inexoravelmente como areia fina, mas que podemos utilizar para produzir hábitos virtuosos da alma e um legado duradouro.

Entretanto, o modelo paradigmático dos economistas neoclássicos no estudo da utilidade é o de um náufrago isolado, como o viajante Robinson Crusoé, maximizando a satisfação de suas necessidades materiais imediatas. Quando o arquétipo do náufrago encontra um outro agente econômico, como o nativo Sexta-Feira, ele o trata como um meio. E, se ele pensa no futuro, o faz apenas como um desejo presente. A abordagem neoclássica, no entanto, é antropologicamente falha. Muito superior e mais representativo da ação econômica é o paradigma da mãe. Considere uma mulher casada, e com filhos, decidindo como alocar seu tempo e sua renda. Longe de ser um computador otimizador autointeressado, ela chega a abdicar de suas próprias inclinações, pensando nos melhores interesses dos filhos. Ela comete erros de julgamento sobre qual é a melhor combinação de bens a serem demandados ou sobre como operar para lograr êxito em obtê-los, mas tende a corrigi-los por meio de inúmeras iterações decisórias. Suas escolhas são afetadas pelas suas próprias emoções e vieses cognitivos, pela incompletude informacional e pela incerteza sobre o futuro, tempo que ela considera genuinamente ao se preocupar, por exemplo, com a felicidade dos filhos após a sua própria morte.

 Eis quão complexo e recôndito é o processo de tomada das três grandes decisões econômicas descritas por Santo Agostinho: a quem prover, o que prover e como prover. A utilidade de um bem decorre da comparação subjetiva entre as vantagens e as desvantagens de cada alternativa. A formação dos preços em uma economia é um fenômeno que agrega as decisões de milhões de pessoas interagindo e deliberando inúmeras vezes a cada instante, e alterando essas avaliações no instante seguinte. Tentar controlar e otimizar essas atividades que compõem os processos de mercado está entre as mais pueris e petulantes pretensões que uma limitada mente humana pode apresentar.

Por isso, não faz o menor sentido a tese das "falhas de mercado", do filósofo britânico do século XIX Henry Sidgwick. Seus defensores alegam que o governo é capaz de tornar mais eficiente a alocação de recursos escassos do que seria em um mercado desimpedido, afirmando que alguns bens, como a defesa nacional e a rede viária, seriam produzidos em quantidades insuficientes ou tenderiam ao monopólio. Paradoxalmente, a solução que eles propõem é transformar esses setores em monopólio coercitivo e mandatório do Estado.

O que observamos historicamente, contudo, é que a cultura das sociedades se adapta às necessidades de produção por meio da influência nas comparações de utilidade. No Brasil, é comum que, diante da corrupção das prefeituras, os cidadãos criem uma cultura de mutirões para construir pontes ou tapar buracos a uma fração do valor orçado pelos burocratas. A necessidade de escoar a produção industrial crescente dos EUA durante a a Gilded Age (Idade Dourada, de 1870 a 1900) levou à criação de uma cultura de coopetição (cooperação entre concorrentes) para financiar a malha ferroviária.

Há situações excepcionais nas quais o príncipe deve agir para preservar as condições existenciais de uma sociedade, mas, conforme o princípio chamado subsidiariedade, não deve fazê-lo de forma sistêmica, a ponto de substituir uma organização social constantemente corrigida e reordenada o mais localmente possível. Cícero notou que soluções de aparente facilidade frequentemente se opõem aos hábitos virtuosos, tão árdua e paulatinamente cultivados. Terceirizar as dimensões da vida humana para a burocracia estatal resulta em letargia civil, enquanto a subsidiariedade incute nos cidadãos a responsabilidade de aderir a líderes virtuosos comprometidos com a proteção das liberdades salutares. (A concorrência entre serviços de governança no bojo da observância do direito natural é chamada de "anarcocapitalismo", um nome ruim para uma excelente hierarquia social baseada em virtudes aristocráticas forjadas na competição de mercado.)

O homem responsável transforma toda utilização de recursos escassos em investimento, e não em mero consumo, afinal, consumir significa destruir. Ele demanda bens para aperfeiçoar os hábitos de sua alma no serviço ao bem comum, "ajuntando tesouros no Céu", como lemos em São Mateus 5:20. A boa cultura, que o poeta T.S. Eliot demonstra ser local, espontânea e impossível de planejar, guarda com o livre mercado uma relação de mútuo suporte, pois fornece às pessoas um horizonte de zelo que transcende os limites do lar. Disto resulta um aumento da prosperidade, que permite ao homem suprir suas necessidades de subsistência mais rapidamente, sobrando mais tempo para dedicar-se a fins mais elevados. Para tanto, é preciso que a moeda funcione como reserva de valor.

Commodities metálicas como ouro e prata, valorizadas por suas qualidades intrínsecas, sempre cumpriram bem ao propósito de armazenar em forma de valor econômico as recompensas que um homem recebe por seus serviços. Já a moeda estatal, cujo lastro, como vimos, é a destruição tributária de bens privados e não o trabalho produtivo, está sempre sujeita à desvalorização. Os efeitos culturais da inflação são profundamente destrutivos para a civilização. A expectativa de que nossas poupanças se desvalorizarão leva as pessoas a uma corrida pelo consumo imediato, tornando a sociedade ansiosa e imediatista. Ao financiar guerras intermináveis e aparatos estatais centrais gigantescos, a inflação destrói a subsidiariedade, esmaga corpos intermediários de governança e transforma os indivíduos em receptores passivos de "gratuidades" estatais pelas quais aceitam viver permanentemente endividados (afinal, como vimos, a moeda fiduciária é dívida). O economista Jörg Guido Hülsmann escreve que, sob o inflacionismo, "o cidadão médio é progressivamente tornado um átomo social" e que "seus laços sociais passam a ser controlados pelo governo", o novo provedor no lugar da família e da comunidade local. Os produtos sob o inflacionismo perdem qualidade, enquanto os consumidores reduzem seu nível de exigência, afinal, priorizam o consumo imediato em detrimento da durabilidade. Dessa forma, a civilização deixa de construir o substrato material da cultura e passa a ser corroída.

O objetivo destas linhas não é fornecer a você, caro leitor, um curso completo de ciências econômicas, mas preparar o combatente cultural para sustentar o fogo no ambiente operacional do debate econômico. Neste breve encontro, neutralizamos os centros de gravidade das principais falácias econômicas subjacentes ao discurso dos pseudoeconomistas orgânicos da Nova Ordem Mundial, abordamos a sólida metodologia desta ciência e suas raízes no medievo católico, além de arranhar os pontos mais nevrálgicos do complexo político-monetário contemporâneo. Meu intento, após este boot camp, é que você esteja habilitado a navegar em águas mais profundas do mar da ciência econômica, desviando das minas navais dos sofistas e atracando em segurança no porto das verdades eternas.

O VALOR DA LIBERDADE ECONÔMICA

RODRIGO LORENZONI

RODRIGO LORENZONI é deputado estadual e está em seu segundo mandato. É autor da Lei da Liberdade Econômica do Rio Grande do Sul. No parlamento, é líder da Bancada do Partido Liberal e presidente da Frente Conservadora e da Frente Parlamentar da Liberdade Econômica e Livre Mercado. Atuou como Secretário Estadual e Municipal (Porto Alegre) de Desenvolvimento Econômico e Turismo.

"Sem liberdade econômica não existe liberdade política e nem mesmo dignidade humana."

Milton Friedman, autor dessa frase, foi um dos maiores economistas e intelectuais de sua época. Dedicou grande parte de sua vida acadêmica ao estudo e à promoção de ideias que enfatizavam a liberdade individual, a propriedade privada e o livre mercado como pilares fundamentais para o desenvolvimento econômico e a prosperidade das nações. Recebeu o Prêmio Nobel de Economia e é amplamente reconhecido mundialmente por sua defesa apaixonada da liberdade econômica e individual.

E por que começar este capítulo falando de Friedman? Porque hoje vivemos em nosso país o oposto do que ele sempre defendeu. E isso se torna ainda mais lamentável quando lembramos que tivemos esse respiro de liberdade durante os quatro anos do governo do presidente Jair Bolsonaro.

As liberdades têm sido atacadas de diversas formas por aqueles que não colocam os interesses do país acima de tudo, mas sim seu próprio bolso, acima de todos. O resultado é o cerceamento das liberdades e o retorno das correntes que nos aprisionaram por tanto tempo. E, dessa vez, de forma ainda mais feroz, autoritária e vingativa.

No caso do cerceamento à liberdade econômica, quando um governo centraliza as decisões no setor, dificulta o livre mercado, e atrapalha o ambiente de negócios, ele não está apenas prejudicando quem produz, mas toda a cadeia produtiva, que inclui empresários, gestores, funcionários e suas famílias. Ou seja, toda a população é afetada por esse cerceamento das liberdades.

CONTROLE ESTATAL

> *"O que sempre fez do Estado um verdadeiro inferno foram justamente as tentativas de torná-lo um paraíso."*
> —Friedrich Hölderlin

O controle estatal sobre a economia, característico dos regimes totalitários de esquerda (e dos que se encaminham para esse modelo), é nocivo não apenas ao mercado, mas também à sociedade, deixando uma cicatriz psicológica que pode perdurar por gerações. Isso ocorre porque, quando o controle excessivo impera, as individualidades se atrofiam gradualmente, as iniciativas diminuem e as responsabilidades se diluem. Afinal, se o Estado vai cuidar de tudo, por que eu deveria me preocupar? O empreendedorismo é fatalmente prejudicado, e é ele, juntamente com as demais liberdades, que pode garantir a oportunidade de uma sociedade se desenvolver e prosperar.

Um Estado grande sempre foi uma das maiores características da esquerda ao longo da história. No Brasil e no mundo. Com o pretexto de "servir a população", eles, na verdade, promovem o controle social por meio do Estado. Isso ocorre porque o socialismo é a abolição das liberdades individuais, da iniciativa privada e da propriedade privada, ou seja, é a abolição dos meios de produção privados. O resultado inevitável é o desestímulo ao investimento, a redução da atividade produtiva e, consequentemente, da geração de empregos.

O Estado controla a economia de diversas formas. Seja por meio de uma carga tributária abusiva, que não se reflete no retorno de serviços minimamente aceitáveis para a população; seja por meio de suas regulações, que muitas vezes engessam o trabalho de quem deseja empreender; seja por meio de uma burocracia que, muitas vezes, se traduz na máxima "criar dificuldades para vender facilidades"; e, sobretudo, pela ineficiência estatal, onde o setor privado poderia atuar de maneira muito mais eficaz, barata e transparente.

A interferência excessiva do Estado no mercado, por exemplo, afeta os indicadores econômicos, pressiona a inflação e afasta investimentos. Hoje, vivemos no Brasil uma histórica fuga de investimentos, resultado dessa intromissão estatal e da total insegurança jurídica promovida, não apenas pelo governo, como também pelo sistema judiciário de nosso país.

Ao anular multas bilionárias de acordos de leniência envolvendo empresas envolvidas em escândalos de corrupção, o país sinaliza que as regras não são respeitadas aqui. Para o investidor, é crucial acreditar que as regras do jogo são as mesmas para todos. Infelizmente não é o que vemos hoje.

Também é muito comum que governos de esquerda proponham controle de preços, como se isso fosse, de fato, garantir um preço justo das mercadorias, que só pode ser atingido por meio da lei de oferta e procura. Mas, ao tentar fixar artificialmente os preços, o governo não apenas abala esse equilíbrio como, novamente, desestimula a atividade produtiva, e as consequências negativas vêm em efeito cascata.

Anos atrás, antes de a esquerda tentar disfarçar suas teorias, costumava-se chamar esse controle estatal de "economia planificada", em que o Estado detém ou define quais serão os meios de produção, como serão utilizados, como as relações de trabalho serão realizadas e todo o resto da cartilha socialista. E isso é o exato oposto da concorrência, do livre mercado e da liberdade econômica.

> O estadista que pretendesse ditar aos indivíduos o modo de empregar o seu capital não somente assumiria uma sobrecarga de cuidados desnecessários como se arrogaria uma autoridade que não seria prudente confiar a conselho ou senado de qualquer espécie, e que jamais seria tão perigosa como nas mãos de um homem insensato e presunçoso a ponto de julgar-se apto a exercê-la.

Essa reflexão de Friedrich Hayek, do livro *O Caminho da Servidão*, sintetiza o perigo da centralização do poder econômico nas mãos do Estado. Ao buscar controlar a alocação de recursos, o Estado interfere diretamente na liberdade individual, sufoca a inovação e o empreendedorismo, e perpetua uma cultura de dependência que é prejudicial ao desenvolvimento econômico e social.

Dessa fonte inesgotável e sedutora do controle estatal beberam comunistas, nacional-socialistas e fascistas. Todas essas sementinhas do mal tinham a mesma origem. E isso é algo que precisa ser sempre lembrado. A semelhança conceitual e as diretrizes dos três manifestos não deixam dúvida, embora a esquerda não goste de ser lembrada disso, preferindo negar a existência dos laços de sangue (literalmente) que os unem.

A esquerda está sempre em busca do controle estatal, econômico e, portanto, social. Esse é seu objetivo mais óbvio, embora tentem negar, eventualmente. Temos visto avançar no Brasil a tentativa de controlar vozes e pensamentos, por meio da censura. Empreendimentos e investimentos, por meio da burocracia. E, claro, o crescimento e a prosperidade por meio da concentração tributária, fruto de uma malfadada reforma que colocou nas mãos da União ainda mais poder.

LEI DA LIBERDADE ECONÔMICA

A Lei da Liberdade Econômica, uma iniciativa do Governo Federal, que teve boa acolhida no Congresso, foi sancionada pelo presidente Bolsonaro no dia 20 de setembro de 2019. A data não poderia ser mais simbólica para um gaúcho como eu. Há 190 anos, os homens deste chão lutaram justamente por mais liberdade de prosperar. A origem da sua insurgência contra a União tinha como alvo os altos impostos cobrados, combustível de tantas revoltas.

Pois o que a Lei de Liberdade Econômica trouxe foi uma inovação histórica exatamente porque a União abria mão de seu peso esmagador para dar, não a um ente federativo, ao próprio cidadão mais liberdade, mais chances, mais oportunidades, mais ar. E como o Brasil pôde respirar bem nesses anos.

Durante décadas, o Brasil enfrentou desafios estruturais que afetaram sua capacidade de crescimento econômico e a qualidade de vida das pessoas. A complexidade de nossa teia tributária, a regulamentação excessiva, a insegurança jurídica e os altos custos de produção eram como uma bola de ferro presa por uma corrente na canela de qualquer um que tentasse caminhar com suas próprias pernas livremente. Cada passo era um esforço descomunal, porque era preciso arrastar junto o peso do Estado.

A Lei tornou tudo mais leve, fácil e eficiente. Embora já se pudessem sentir os resultados no curto prazo, a nova legislação representava um avanço histórico. Invertendo a balança e colocando o cidadão como o grande ator desse processo.

No Rio Grande do Sul, tive a honra e o privilégio de apresentar a lei no âmbito estadual, tornando nosso estado o primeiro no país a inovar seu ordenamento jurídico com a Lei de Liberdade Econômica.

Infelizmente, muito do que foi alcançado, tanto a nível federal como estadual, está sendo perdido pela incompetência, ideologia e irresponsabilidade do atual presidente, bem como de nosso atual governador.

Ainda assim, e apesar deles, essas leis representam um avanço significativo, uma mudança histórica e, sobretudo, uma transformação cultural em nosso regramento econômico. Embora a vanguarda do atraso tente, não conseguirão destruir tudo o que construímos.

Ao promover a desburocratização estatal e criar um ambiente de negócios mais favorável, essa legislação estabeleceu uma reforma econômica significativa, reduzindo a intervenção estatal nas atividades econômicas e eliminando barreiras que dificultavam a abertura e o crescimento de empresas, e estimulando o empreendedorismo, a inovação e o desenvolvimento do setor privado.

LIBERDADE PARA EMPREENDER E PROSPERAR

Os avanços conquistados por meio da Liberdade Econômica permitiram ao país experimentar algo inédito em sua história: o desenvolvimento econômico fundamentado em um ambiente de negócios favorável e dinâmico, que reduzia o peso do Estado na conta do setor produtivo.

Com a redução da carga tributária, isenção de alíquotas, simplificação de normas trabalhistas (sem retirar nenhum direito) e desburocratização dos processos envolvendo órgãos públicos, houve uma trajetória de melhorias em todos os indicadores, que se mantiveram positivos e promissores.

A segurança jurídica, que traz a previsibilidade de que o investidor tanto precisa, alavancou investimentos fortíssimos no país. Apenas em 2019, quando o Programa de Parcerias e Investimento (PPI) esteve na Casa Civil, sob a responsabilidade do ministro Onyx, o Brasil atraiu cerca de R$ 450 bilhões em investimentos externos, muitos deles que, contratados a médio e longo prazo, hoje ajudam a garantir que o país não quebre de vez, apesar dos esforços nesse sentido do atual desgoverno.

A economia brasileira só conseguiu performar dessa maneira porque havia liberdade para empreender e prosperar. E é dessa forma que a riqueza é repartida: quando gerada por todos, e não quando é confiscada por meio do Estado, que distribui migalhas para a população, criando uma relação de dependência que não tem nada de saudável.

A melhor política social é a geração de empregos. A esquerda totalitária não gosta disso porque perde o controle sobre a vida das pessoas. E as pessoas só podem prosperar com liberdade. E foi graças à liberdade econômica, por exemplo, facilitada pela redução do engessamento trabalhista, que, em 2021, mesmo ainda sob os efeitos da pandemia, fechamos o ano com o maior taxa de ocupação da história do país (cerca de 100 milhões de pessoas desenvolvendo alguma atividade remunerada); a maior geração de emprego em uma década (2,7 milhões de saldo positivo em vagas criadas com carteira assinada); menor taxa de informalidade (flutuando em torno de 40% — a média do continente é de 60%).

A confiança dos brasileiros na economia nunca foi tão alta quanto nos quatro anos de ouro de nosso país e isso se refletiu na prosperidade das famílias, com as rendas médias mensais atingindo seus maiores níveis.

Todos se sentiam motivados a empreender e a trabalhar. O sentimento não é algo tangível ou mensurável, mas ele era quase visível naqueles quatro anos de liberdade e prosperidade que vivemos.

CAMINHO DA PROSPERIDADE VERSUS CAMINHO DA SERVIDÃO

No livro *O Caminho da Servidão*, um dos maiores clássicos da literatura liberal, o austríaco Friedrich August von Hayek demonstrou, de forma irrefutável, como o Estado tem a capacidade de atrapalhar o desenvolvimento de uma sociedade ao avocar para si os destinos econômicos de uma nação. A centralização, o controle absoluto, a burocracia sufocante, os impostos abusivos, as leis, normas e decretos que formam um emaranhado para imobilizar o setor produtivo, entre outras coisas, unem-se para impedir que a sociedade avance, pois o Estado tentará prover tudo. Mas o Leviatã jamais foi capaz de prover. Pelo contrário, sua fome é incontrolável, e sobra cada vez menos para os indivíduos. Nunca deu certo; jamais dará certo. Isso ocorre porque o mercado tem uma lógica própria, uma equação na qual, quanto mais Estado, menos desenvolvimento.

E é sempre bom lembrar que o desenvolvimento econômico é um condicionante do desenvolvimento social. É um caso óbvio de *conditio sine qua non*, ou seja, sem o qual não. Sem desenvolvimento econômico, não há desenvolvimento social. É uma lógica simples, que até mesmo os esquerdistas conseguem entender. Porém, eles simplesmente não aceitam.

Poucos lembram, mas o Plano de Governo do Presidente Jair Bolsonaro chamava-se *Caminho da Prosperidade*. Em vez de *O Caminho da Servidão*, que é o resultado inevitável de Estados pesados e totalitários, o presidente propunha mais e mais liberdade para o indivíduo, para os empreendedores, para a sociedade. Em suas palavras "tirar o Estado do cangote do cidadão".

As economias de mercado são historicamente os maiores instrumentos de geração de renda, emprego, prosperidade e inclusão social. Graças ao liberalismo, bilhões de pessoas estão sendo salvas da miséria em todo o mundo. Mesmo assim, o Brasil NUNCA adotou em sua História Republicana os princípios liberais. Ideias obscuras, como o dirigismo, resultaram em inflação, recessão, desemprego e corrupção. O liberalismo reduz a inflação, baixa os juros, eleva a confiança e os investimentos, gera crescimento, emprego e oportunidades.

E o resultado foi exatamente o esperado, apesar daqueles que duvidavam (e torciam contra), pois o programa era conceitual e não específico. Isso porque era baseado em princípios e valores. Tinha o tripé de ser eficiente, constitucional e fraterno. E sem dúvida foi.

LIBERDADE AMEAÇADA

O desenvolvimento econômico trouxe consigo o desenvolvimento social. Mesmo durante a pandemia, os indicadores econômicos, sociais e de emprego permaneceram estáveis, o que nos possibilitou sair do caos gerado pelo vírus de forma muito mais rápida e consolidada do que a maioria dos países. Isso porque os fundamentos econômicos e políticos tinham como objetivo servir a população e não se servir dela.

Tudo isso foi perdido ao colocarem o descondenado (e despreparado) no comando do país. Um sindicalista assessorado por demagogos que desprezam metas de produtividade. Falar em meritocracia para essa gente é pior do que xingar a mãe. E voltamos a ter políticos (com toda a sua gama de interesses) e não técnicos (com todas as suas competências) na Esplanada dos Ministérios. Essas sementinhas do mal germinaram e estão sendo colhidas agora: dívida pública incontrolável, carga tributária crescente, Estado gigantesco, controlador e ineficiente; previdência novamente prestes a explodir; rombo fiscal monstruoso; queda absurda na geração de empregos; prejuízos bilionários nas estatais; e, claro, a velha corrupção de sempre.

A boa notícia? Sabemos qual é o Caminho da Prosperidade. E ele só pode ser trilhado novamente com liberdade econômica. E é por isso que tenho lutado. É por isso que nós todos estamos lutando.

Mas somos a maioria e, muito antes do que eles gostariam, estaremos de volta, agora com a vantagem de conhecermos o caminho. Todos esses avanços garantirão às gerações futuras, a despeito das atuais gestões, a prosperidade que só pode existir com liberdade.

ASSINE NOSSA NEWSLETTER E RECEBA INFORMAÇÕES DE TODOS OS LANÇAMENTOS

www.faroeditorial.com.br

CAMPANHA

Há um grande número de pessoas vivendo com HIV e hepatites virais que não se trata. Gratuito e sigiloso, fazer o teste de HIV e hepatite é mais rápido do que ler um livro.

FAÇA O TESTE. NÃO FIQUE NA DÚVIDA!

ESTA OBRA FOI IMPRESSA
EM MARÇO DE 2025